故事里的
中国历史

Gushi li de Zhongguo Lishi

路樊 编著

汉

民主与建设出版社
·北京·

图书在版编目（CIP）数据

故事里的中国历史 . 4, 汉 / 路樊编著 . -- 北京：
民主与建设出版社，2022.12

ISBN 978-7-5139-4029-0

Ⅰ . ①故… Ⅱ . ①路… Ⅲ . ①中国历史－汉代－青少
年读物 Ⅳ . ① K209

中国版本图书馆 CIP 数据核字（2022）第 212691 号

故事里的中国历史 · 汉
GUSHI LI DE ZHONGGUO LISHI HAN

编 著	路 樊	
责任编辑	郝 平	
封面设计	书心瞬意	
出版发行	民主与建设出版社有限责任公司	
电 话	（010）59417747　59419778	
社 址	北京市海淀区西三环中路 10 号望海楼 E 座 7 层	
邮 编	100142	
印 刷	唐山楠萍印务有限公司	
版 次	2022 年 12 月第 1 版	
印 次	2023 年 2 月第 1 次印刷	
开 本	880 毫米 ×1230 毫米　1/32	
印 张	5	
字 数	75 千字	
书 号	ISBN 978-7-5139-4029-0	
定 价	358.00 元（全 10 册）	

注：如有印、装质量问题，请与出版社联系。

目录
Contents

第1章　楚汉"争霸赛"

第2章 文景二帝：会治国的父子

第3章 汉武帝：雄才大略的皇帝

第4章　霍光是个"好管家"

第5章　王莽是个"盗贼"

第 6 章　刘秀翻身做皇帝

第7章　班超经营西域立大功

第8章　外戚、宦官的黑历史

第 9 章　不消停的东汉末年

汉

公元前 202 年—公元 220 年

汉朝历程

楚汉之争

公元前206年—公元前202年，西楚霸王项羽、汉中王刘邦两大集团为争夺天下而进行了战争。最终，项羽败亡，刘邦建立西汉王朝。

文景之治

公元前180年—公元前141年，西汉初期，汉文帝、汉景帝推崇黄老治术，采取"轻徭薄赋""与民休息"的政策，使汉朝迈入了繁荣盛世的局面。

七国之乱

公元前154年，在汉景帝时期发生了诸侯国叛乱，参与叛乱的是七个刘姓宗室诸侯王。最终，七国之乱被平定。

汉武盛世

公元前141年—公元前87年，汉武帝时代，政治、经济、军事等方面得到了很大程度的发展，开启了中国文明富强的序幕。

张骞出使西域

为联合大月氏国夹击匈奴和加强与西域各国联系，前138-前126和前119-前115，汉武帝先后两次派遣张骞出使西域，中原文明也通过"丝绸之路"向西域传播。

2

王莽篡汉

公元 8 年，王莽废除孺子婴的皇太子之位，建立新朝，西汉历史至此结束。

光武中兴

公元 25 年—公元 57 年，东汉光武帝以"柔道"治天下，使东汉初年出现了社会安定、经济恢复、人口增长的盛世局面。

班超再通西域

公元 73 年—公元 102 年，东汉汉明帝为彻底解决边患，出兵反击北匈奴，派班超出使西域。班超凭借出色的外交和军事才能，再次打通西域。

黄巾起义

东汉末年，民不聊生。公元 184 年，在起义首领张角的号令下，农民纷纷揭竿而起，向官僚地主发动了猛烈攻击。起义最终以失败而告终。

曹丕篡汉

公元 220 年，东汉汉献帝被迫宣布退位并将皇位"禅让"给曹丕，曹丕登坛受禅称帝后，改国号为魏，史称曹魏。东汉至此灭亡。

汉朝历程

第**1**章

楚汉“争霸赛”

有言在先

按照楚怀王与诸将的约定，谁第一个平定关中，谁就是关中王。结果，刘邦拔得头筹。这让"玩不起"的项羽大为恼火。一向强势的项羽，最终将刘邦的胜利果实据为己有。实力不允许的刘邦，只能心不甘、情不愿地前往汉中。在汉中，刘邦的力量也迅速强大起来。

公元前 206 年，汉中王刘邦最终与西楚霸王项羽撕破脸，开始了长达四年的楚汉战争。最终，项羽败亡，刘邦建立西汉王朝，成为西汉的开国皇帝。

一顿饭，差点要了命

故事主角：项羽、刘邦

故事配角：项伯、范增、张良、樊哙等

发生时间：公元前206年

故事起因：刘邦前来赴宴，向项羽澄清误会，范增想在鸿门宴上杀刘邦

故事结局：刘邦假借内急的机会，在樊哙等人的帮助下逃离虎口

刘邦占领关中后，项羽很是暴怒。项羽40万大军进驻鸿门后，距刘邦军队的驻扎地灞上只有40里路，项羽决定第二天就收拾刘邦。项羽的叔父项伯两头斡旋（wò xuán；调解周旋），才使项羽放弃攻打计划。

第二天，刘邦带着张良、樊哙（fán kuài）及百余随从来到鸿门。刘邦一见项羽，当即道歉说："将军！我跟您合力攻秦，我侥幸先一步入关。现在听说有人陷害我，让将军和我之间产生了误会。我今天特地来拜见将军，希望您千万别听谣言。"项、刘二人一时和解。两人多日未见，项羽便留刘邦喝酒。项羽、项伯、范增、刘邦四人分宾主落座，张良作陪。

一阵推杯换盏后，坐在一边的范增冲项羽使眼色，示意项羽杀掉刘邦。可是项羽不吭声，装

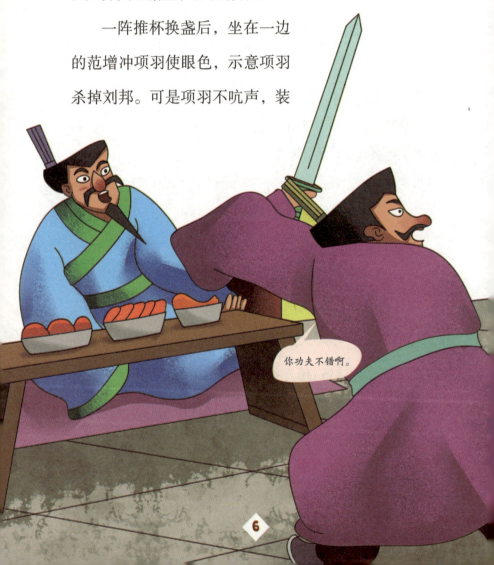

没看见。他觉得刘邦来求饶服软，这会儿杀刘邦，天下人怎么看他？

范增看项羽指望不上，就出来找项庄。项庄进帐后，装作为众人助酒兴，提出舞剑。项庄一边舞剑，一边往刘邦身前凑，准备下手。项伯发现大事不妙，也拔剑而起，用自己的身体护住刘邦，跟项庄对舞。

眼见着项庄誓不罢休，张良急忙出去找樊哙。樊哙

按剑持盾，硬生生闯入大帐。项庄看闯进来一位壮汉，吓得赶紧收剑。项羽也吓了一跳，他手握剑柄，挺身问张良："这位是谁？"

张良回答道："将军，这是沛（pèi）公的侍卫。"

项羽赞叹道："真是一位壮士！来人呀，赐这位壮士一斗酒！"樊哙接过酒，一饮而尽。

项羽连忙吩咐："再给壮士来个猪腿！"侍者立即给樊哙端上来。樊哙接过猪腿，以佩剑为刀，边切边吃。

项羽连连赞叹："真是好汉！壮士，再饮一斗？"

樊哙满不在乎地说道："我死都不怕，还怕喝酒？不过，我有几句话要说。当初起兵，怀王跟大家约定'先入咸阳的人为关中王'。我家沛公先到了咸阳，分文都不敢动，就为等将军来接收。您不仅没封赏，还听谗言要杀功臣！"

这时的气氛顿时尴尬（gān gà；处于两难境地无法摆脱）起来，好几个人就这么大眼瞪小眼。刘邦趁这个机会装内急："将军，不好意思，我方便方便，去去就来。樊哙，来扶我出去。"说着，刘邦在樊哙的护送下直奔茅房。

在樊哙的劝说下，刘邦也顾不上那一百来个随从了，弃车骑马，在几个大臣的护送下顺着小路跑回了灞上。

开小差的大将军

故事主角：萧何、韩信

故事配角：刘邦

发生时间：公元前 206 年

故事起因：韩信初到刘邦麾下，得不到重用的他选择了出走，被萧何追回

故事结局：在萧何的推荐下，刘邦最终拜韩信为大将军

公元前 206 年，刘邦的军队进入汉中后，从将领到小兵，每天都有人逃走。这对士气是一个打击，就连刘邦自己都有些灰心。谁料更大的"惊吓"还在后边，就在刘邦抵达都城南郑不久，忽然有亲兵火急火燎地跑来报告说：丞相萧何逃跑了。

听亲兵这么一说，刘邦如惊雷劈顶，顿觉眼前天旋地转。萧何不仅是从起兵之时就跟随刘邦的老朋友，更是刘邦的左膀右臂。此时的刘邦又是愤怒，又是绝望，

一时间像丢了魂似的。

谁知没过两天，萧何自己回来了。看见萧何，刘邦既生气又欢喜地问："我对你哪点不好，你为什么要逃跑？"

萧何赶紧说："大王误会了，我没逃，我是追一个逃跑的人去了。"

刘邦很吃惊："你追谁去了？"

萧何说："韩信！"

原来，韩信投奔刘邦之后，刘邦也没拿他当回事，韩信就打算另找出路。萧何听说韩信逃跑了，顾不得告诉刘邦，立即就去追韩信了。

刘邦一听，又生气了："逃了多少将军，也没见你去追，偏偏去追韩信。你分明是在骗我！"

萧何笑着说："大王，那些将士逃就逃了，但韩信不一样。他是独一无二的人才！您要是安心做汉中王，不用韩信没关系。您若是想争天下，除了韩信，再没有能辅佐您成就大业的人选了。"

刘邦自然说是想夺天下。萧何连忙说："既然大王已决定争天下，那就得用韩信。您要是能用他，他肯定会留下来。"

萧何把话说到这份儿上，刘邦当即也痛快地说："好吧，看在丞相的面子上，我拜韩信为将军。"萧何摇了摇头表示不行。

刘邦咬牙道："拜他为大将军行吗？"

萧何赶紧道："大王英明！"

一个能让萧何如此看得起的人，刘邦也产生了兴趣，他吩咐萧何道："既然说定了，你把韩信叫进来吧，我当场任命。"

萧何却摇头说："大王，您要是真心拜他为大将军，应该选一个良辰吉日，斋戒之后设拜将坛，把全套礼仪都做足，这才可以。"刘邦最终同意了。

在萧何的努力下，韩信终于成为大将军。至此，刘邦自己居中调度；萧何负责后勤，主要是到巴蜀之地收租收粮，保证军队**供给**（gōng jǐ；以物资、钱财等给人而供其所需）；韩信负责具体作战。至此，汉军上下团结一心，准备兵进关中。

章邯没能笑到最后

故事主角：韩信、章邯

故事配角：樊哙、周勃等

发生时间：公元前 206 年

故事起因：汉军在韩信指挥下秘密行动，明修栈道，暗度陈仓

故事结局：汉军轻易地攻占了陈仓，并最终攻下八百里秦川

回汉中时，刘邦听从张良的计策，烧毁了连接关中和汉中的**栈道**（zhàn dào；在悬崖绝壁上凿孔架木，铺上木板而成的窄路），表明自己不再入关中，这让项羽吃了一颗定心丸。但张良又给刘邦制定了"取道陈仓定三秦"的计划。

陈仓位于八百里秦川西端，是关中与汉中之间的咽喉。在汉中到陈仓之间，有一条**崎岖**（qí qū；地面高低不平的样子）难行的小道。后来，因为栈道的铺设，逐渐被人遗忘。因此，对这个方向，章邯等人是没有设防的。

要出汉中，必先得陈仓；要得陈仓，只有这条被忽略的小路可走。而夺取陈仓的行动，必须做到神不知鬼不觉，容不得半点闪失！

大将军韩信把樊哙、周勃找来，命樊哙、周勃修复栈道，限期一个月内修完。樊哙和周勃急忙和韩信理论：“大将军，你这是做什么？这条栈道咱们烧起来是没花几天，可是修起来没三年也修不完啊？”

韩信把脸一沉：“大王要出汉中夺天下，等你们修上三年，还夺什么？”

樊哙、周勃这边刚一施工，消息就被探子报告给了章邯。章邯听了哈哈大笑，觉得刘邦的军队愚蠢至极。章邯想了想，又问：“这馊主意是谁出的？”没多久，章邯就得到回报，说下命令的是一个叫韩信的大将军。

“大将军？韩信？此人是谁？”章邯疑惑地问。

探子禀报说：“大王，此人在家乡是有名的懦夫，有一次被人欺负，从人家裤裆底下钻了过去。”

章邯一听，抚掌大笑：“汉王真可怜哪，手下没人了，拜了个钻裤裆的人做大将军。就这样的人还想跟我打？”

公元前206年8月，刘邦和韩信率领大军从南郑出发，穿过羊肠小道，神不知鬼不觉地抵达陈仓，很快就打败了陈仓守军。汉军攻取陈仓的消息传来，章邯惊呆了，急忙调兵去夺陈仓。

韩信和章邯在陈仓开战了。汉军将士在汉中被困四个月，思乡之情不可遏制，更增添了一种不要命的悍勇。反观章邯军，士兵没精打采、不尽全力。

此时，明修栈道的樊哙、周勃也接到命令，顺山路杀了出来，与韩信会师。渴望东归的汉军冒死冲杀，章邯军很快溃败四散，逃回废丘城，坚守不出。

精神抖擞的刘邦派重兵围困废丘，还命令其他大将

分别攻打塞国、翟（zhái）国。很快，汉军就打得塞军、翟军丢盔弃甲。没用多长时间，除了废丘之外，八百里秦川全都落入了刘邦的手中。

两个男人的生死战

故事主角：项羽、刘邦
故事配角：韩信、虞姬等
发生时间：公元前 202 年
故事起因：项羽被刘邦大军围于垓下，项羽带兵拼死突围
故事结局：西楚霸王在乌江边拔剑自杀，刘邦赢得楚汉之
　　　　　争的胜利

　　公元前 202 年，项羽被汉军围困在垓（gāi）下（今安徽灵璧县东南），韩信在垓下的周围布置了埋伏。项羽的人马少，粮食也快吃光了。他想带领人马冲杀出去，但是汉军人马里三层外三层，项羽无法突围。

　　这天夜里，项羽在营帐里愁眉不展。他身边有个美人名叫虞姬，看见他闷闷不乐，便陪伴他喝酒解愁。项羽要虞姬离开垓下，虞姬温柔地加以拒绝。为了不拖累项羽，虞姬最终选择了自杀。

　　这天午夜，阵阵西风吹来，还夹着歌声。项羽仔细一

听，歌声是从汉军营里传出来的，唱的是楚人的歌曲。楚军士兵不觉走出营帐，向汉军营寨远眺……项羽听着四面的楚人之歌，失神地说："完了！刘邦已打下西楚了！"

当天夜里，项羽跨上乌骓（zhuī）马，带 800 个子弟兵冲出包围。天亮后，汉军发现项羽已经突围，连忙派兵追赶。项羽渡过淮河后，跟着他的只剩下 100 多人了。

后面的追兵又围上来了。项羽对士兵们说："我从起兵到现在八年了，经历过 70 多次战斗，从来没有失败过。才当上天下霸王，今天就被围在这里，这是天要亡我啊！"

项羽说罢又几次冲出重围，一直到了乌江（在今安徽和县东北）边。此时，他的身边只剩下二十几个人了。恰巧乌江的亭长有一条小船停在岸边。亭长劝项羽马上渡江，说："江东虽小，可还有一千多里土地，几十万人口。大王过了江，还可以在那边称王。"

项羽苦笑了一下说："我当年在会稽起兵，带了8000 子弟渡江。他们没有一个能回去。我一人回到江东，即便江东父老同情我，我也没脸见他们。" 项羽把战马送给乌江亭长，令骑士全部下马跟追上来的汉兵展开肉搏。项羽受了十几处伤，最后在乌江边拔剑自杀了。

此后，刘邦正式称帝，建立西汉政权。

汉钟离成仙的故事

八仙之中有个汉钟离。传说他是汉代人，又复姓钟离，所以人们都叫他汉钟离。其实他原名叫钟离权，父亲和哥哥都是汉朝时有名的大将。汉钟离生下来的时候，他的母亲梦见一个巨人走进自己的房间，对她说："我是上古时候的黄神氏，要托生在这里了。"说完，就转身离去了。

汉钟离一生下来，就像三岁的孩子一般大，长着宽宽的额头、厚厚的耳朵，脸颊（jiá）像苹果一样。他生下来的前六天，不吃不喝，不哭不闹，什么声音也不出。

到了第七天，他忽然开口说话了。他说自己曾经"身游紫府、名书玉京"，原本是天上玉皇大帝仙班中的一员。父亲知晓自己的这个儿子并非凡人，便给他取名为"权"，因为他一生下来就能掂出东西的轻重。

汉钟离长大以后，做了朝廷的大将军。有一次，他领兵去打仗，因为奸臣陷害，只给了他两万老弱残兵。刚一交战，他就吃了败仗。汉钟离带着剩下的队伍，逃到了一个山谷当中，不久就迷了路。

后来，他遇到了一个身穿草衣的僧人，那僧人带他到了一个村庄的小院里歇息。过了一会儿，忽然有位身穿白鹿裘（qiú）、手扶青藜（lí）杖的老人，来到他面前，问道："你莫非就是大将军钟离权吗？"钟离权连忙答道："正是，请问老先生如何知道？"老人说自己名叫王玄甫，是位得道仙人。此时汉钟离便拜老人为师，向他学习成仙之法。老人便送他一部长生真诀、一颗金丹以及一把青龙宝剑，又教他青龙剑法，引他学道求仙。

此后，汉钟离便找了一处隐蔽岩洞，潜心修炼。不久，他又遇到了一位华阳真人，教给他玉匣（xiá）秘诀，汉钟离从此成为了真仙。

知识补给站

项伯为什么在鸿门宴上帮助刘邦？

听说项羽要攻打刘邦，其叔叔项伯想叫好朋友张良逃跑，免受杀身之祸。张良是刘邦的谋士，便将事情告诉了刘邦。在刘邦和张良的示好下，项伯成为了楚汉之间的调停人。念着当初张良对自己有救命之恩，这才在鸿门宴上帮张良救了刘邦，刘邦最终才得以在鸿门宴上逃脱。

"作壁上观"是怎么回事？

章邯带领秦军在巨鹿围攻赵国时，赵王派人向各地诸侯求救，诸侯们虽然引兵前来，但是因为惧怕秦军而站在壁垒上旁观，不敢出来。项羽率领楚军向秦军发起进攻时，诸侯还是站在壁垒上观看。现在"作壁上观"指让自己置身事外，不协助任何一方。

为什么说"成也萧何，败也萧何"？

"成也萧何，败也萧何"，是民间对西汉开国功臣韩信一生的经典概括。萧何是刘邦手下的重要能臣，他思维机敏，很善于识人。"成也萧何"是指韩信成为大将军是萧何极力推荐的；"败也萧何"是指韩信被杀也是萧何出的计策。后人就用这句话来比喻事情的好坏或成败都由同一人造成。

你知道"霸王别姬"的历史典故吗？

霸王项羽被刘邦军队围于垓下，生死之际，项羽最割舍不下虞姬，于是悲伤地唱起来："力拔山兮气盖世，时不利兮骓不逝。骓不逝兮可奈何，虞兮虞兮奈若何？"唱完几遍，项羽泪如雨下。冷不防，虞姬抽出项羽腰上的佩剑，自刎身死。后世用霸王别姬来形容英雄末路的悲壮情景。

第**2**章

文景二帝：会治国的父子

有言在先

　　汉高祖死后，汉廷一时乱哄哄的，诸吕之乱的爆发，更是把西汉朝廷搅得天翻地覆。众大臣合伙诛杀吕氏一族后，迎立刘恒为帝，是为汉文帝。汉文帝之后，他的儿子刘启继位，是为汉景帝。这父子俩颇有治国理政的才能，又是减徭役赋税，又是与民休息，着力恢复农业生产，稳定封建统治，提倡节俭生活。在文帝和景帝父子的精心治理下，社会比较安定，经济得到发展，开创了"文景之治"的盛世局面。

汉文帝是个好皇帝

故事主角： 汉文帝

故事配角： 太尉周勃、丞相陈平等

发生时间： 公元前 180 年

故事起因： 汉文帝登基后，面临政权不稳、人民生活困顿的情况

故事结局： 在汉文帝的精心治理下，汉朝迎来了盛世局面

公元前 180 年，专横霸道的吕后一死，太尉周勃、丞相陈平等大臣便将吕氏家族一网打尽，迎立代王刘恒入京为帝，是为汉文帝。

皇位来之不易，汉文帝倍加珍惜。看着整个天下一团糟，汉文帝决定放开手脚大干一场。

汉文帝首先任命心腹负责守卫皇宫、京城，对功臣们一一赏赐、封官晋爵，对被吕后贬斥的刘姓王也恢复了其称号和封地，同时，对开国的功臣们也分别赏赐、

分封。这些措施使汉文帝"人气飙升"，帝位得以稳固。

　　为减轻百姓负担、激发农民的生产积极性，汉文帝两次把田租减为三十税一，甚至12年免收全国田赋，大大减轻了农民的负担。除此之外，汉文帝还亲自参加耕作，做天下之表率，对当时农业生产的迅速恢复与发展，起到了积极的推动作用。

汉文帝实行"偃（yǎn；停止）武兴文""丁男三年而一事"，即成年男子的徭役减为每三年服役一次。这样的减免，在中国封建社会史上是独一无二的。

汉文帝进一步废除了肉刑和诽谤妖言罪等一些严刑苛法。汉文帝说："现在的法令中有诽谤朝廷、妖言惑众的罪状，这就使大臣们不敢完全说真话，做皇帝的也无从了解自己的过失。百姓们说了对朝廷不满的话，官吏们就认为是大逆不道，这些做法很不可取，应该废除。"作为一个封建国君，有这样的思想境界，是难能可贵的。

汉文帝在位23年，其所用的驾驭马车之物都没有增添，他多次下诏禁止进献奇珍异宝，平时穿的都是用粗糙的黑丝绸做的衣服，甚至要求为自己预修的陵墓也要从简。在中国历代帝王中，汉文帝是一生都注重简朴而为世人称道的皇帝。

与此同时，汉文帝知人善任，虚心纳谏，提拔重用了贾谊、晁（cháo）错、张释之、周亚夫等人才，开创了繁荣盛世。

这个将军真胆大

故事主角：周亚夫

故事配角：汉文帝等

发生时间：公元前 158 年

故事起因：匈奴大举进攻汉朝，汉文帝派周亚夫等抵御匈奴

故事结局：汉文帝到细柳营慰劳将士，吃了闭门羹，汉文帝大赞周亚夫治军有方

公元前 158 年，匈奴发兵六万，大举南下。于是，朝廷委派宗正官刘礼为将军，驻军在灞上；祝兹（cí）侯徐厉为将军，驻军在棘（jí）门；河内郡太守周亚夫驻军细柳。三个驻军点攻守相助，以全面抵御匈奴。

汉文帝非常重视这次战争，还亲自去慰劳军队。汉文帝到灞上和棘门时，兵将们热烈欢迎，气氛非常活跃，犹如小孩子玩游戏，汉文帝的随从很高兴。汉文帝和随行人员，想干什么就干什么，想到哪里就到哪里，随意而为，毫无阻碍。行到细柳，守门军士竟然阻挠，不让

进入。皇帝御驾亲临，军士堵门，这不是造反吗？

驻守细柳的将军是周亚夫——周勃的次子。周亚夫的军营不让皇帝进入，汉文帝的随行人员都怀疑周亚夫怨恨皇帝，欲造反报仇。汉文帝的随行人员想到此处，见细柳营军威凛凛，不似灞上和棘门，不禁心里害怕。

汉文帝的先遣使臣说天子来了，守门军士笔挺而立，威严地回道："军中只知道有将军的命令，不接受天子的诏令。"汉文帝到来，只见兵将肩披铠（kǎi）甲，身佩兵器，持弓搭箭，军容甚是威武。汉文帝派人持节前去告知周亚夫，说皇上过来犒军，周亚夫才命人打开军营大门。汉文帝一行欲策马而入，守门军士立即说："将军规定，军中不能骑马奔驰。"军士各守其位，肃然而立，甚是严整，汉文帝按辔（pèi；驾驭牲口用的嚼子和缰绳）徐走，眼睛不离石像般的军士。

周亚夫迎见汉文帝，只作揖，不跪拜，说："穿甲戴盔，不便下跪，以军礼代替。"

当汉文帝走出军营，众随从都为周亚夫捏了把汗。汉文帝出营，放眼望去，仿佛在看大汉的明天，欣然说："哎哟，这才是真正的将军！灞上、棘门的守军之态就像儿戏，他们的将军不被俘虏才怪。像周亚夫这样的将军，有谁能够侵犯！"巡视周亚夫的军营后，汉文帝特别满意。

从此，周亚夫忠于职守、治军严明的美名传遍了天下。

周亚夫才是真将军。

晁错当了替罪羊

故事主角： 晁错

故事配角： 汉景帝、吴王刘濞、邓公、周亚夫等

发生时间： 公元前 154 年

故事起因： 汉朝诸侯国实力强大，汉景帝听取晁错的建议开始削藩

故事结局： 晁错被冤杀，汉景帝平定七国之乱，巩固了政权

刘启当太子的时候，有个管家的官员叫晁错，挺有才能，大家都称他"智囊"。后来，刘启继位后，把他提升为御史大夫。

汉高祖得天下后，分封了 20 多个诸侯国，这些诸侯都是汉高祖的子孙。到了汉景帝时，诸侯的势力变得强大起来，像齐国就有 70 多座城。最让汉景帝头疼的是，有些诸侯还不听管束，为所欲为。

晁错对汉景帝说："吴王私自开铜山铸钱，煮海水取盐，招兵买马，动机不纯，不如趁早削减诸侯国的封地。"

汉景帝有点犹豫，说："只怕会引起他们造反。"

晁错说："诸侯想造反的话，削地会反，不削地将来也会反。现在造反，祸患小；将来他们势力大了，再反起来，祸患就大了。"

汉景帝觉得晁错的话有道理，便决心削减诸侯的封地。过了不久，朝廷找了些理由，削减了诸侯的封地。有的被削去一个郡，有的被削掉几个县。

正当晁错与汉景帝商议要削吴王刘濞（bì）的封地时，吴王刘濞先造起反来了。他打着"惩办奸臣晁错，救护刘氏天下"的旗号，煽动其他诸侯一同起兵造反。

公元前154年，吴、楚、赵、胶西、胶东、淄（zī）川、济南七个诸侯王发动了叛乱，史称"七国之乱"。

朝廷中有人妒忌晁错，说七国发兵完全是晁错的过错，如果杀了他，七国就会退兵。接着，有一批大臣弹劾（hé）晁错，说他大逆不道，应该杀头。汉景帝看了这个奏章，竟然将晁错杀了。

不久，汉军营里有个叫邓公的官员，到长安向汉景帝报告军情。汉景帝问："你从军营来，知不知道晁错死了？吴楚答应退兵了吗？"

邓公说："吴王一直有造反的野心。这次借削地的借口发兵，哪里是因为晁错呢？"

汉景帝这才知道自己错杀了晁错，悔恨之余，决定以武力平叛，于是派遣太尉周亚夫率兵征讨。周亚夫多次挫败吴楚联军的进攻，吴楚联军被打得节节败退。最终，吴王刘濞被东越人所杀，其他诸王也战败自杀、或被杀，历时三个月的"七国之乱"至此被平定。

皇上，晁错死得冤。

醒木一响，评书开场！
品茶听书，为你讲述有滋有味的大汉传奇；
真真假假，权且当茶余饭后的谈资……
今天，我要给大家讲的是——董永卖身！

董永卖身

汉朝时，有一个很出名的孝子，叫董永。他家里非常贫困，很小的时候就没有了母亲。父子两人勤恳地种地，生活也算说得过去。

一年，年老的父亲患上了重病，许多日子过去了，也不见有什么好转。董永拿着父子俩平时省下来的钱，为父亲到处寻医问药。可是，并没有得到令人欣慰的治疗效果，父亲的病情没有好转，后来病情恶化，撒手而去。这时董永已经把多年的积蓄全花在为父亲治病上了，家中已经是一贫如洗。

董永没有钱办丧事，只好以身作价向地主借钱，埋葬父亲。当地有一个地主见董永是个孝顺之人，就答应先借给董永钱，等董永尽完孝后再到他家做工还钱。

行完三年守丧之礼后，董永便去地主家做工还钱，在途中遇到一个非常漂亮的女子。女子拦住董永，说愿意和董永一起还债。董永想到自己已经什么都没有了，欠地主的钱又那么多，不想连累女子，就不答应。可那女子左劝右劝，说她并不看重钱，只觉得他人品好，硬是要跟着一起去。董永不知道该怎么办，只好带她去地主家帮忙。地主告诉他们，只要能织三百匹细绢就算还清债务，就可以自由了。

那女子心灵手巧，织布速度特别快。她昼夜不停地干活，只用了短短一个月的时间，就织完了三百匹的细绢，还清了地主的债务。

在他们回家的路上，经过一棵槐（huái）树下时，那女子便和董永辞别了。相传这个女子是天上的七仙女，因董永心地善良，做人诚实，七仙女被他的孝心所感动，就来到凡间帮助他。

知识补给站

你知道吗？汉文帝不仅是个好皇帝，还是个大孝子。

汉文帝刘恒亲尝汤药，是《二十四孝》中的第二则故事。母亲患了重病，这可急坏了汉文帝。他母亲卧床不起，一病就是三年。汉文帝亲自为母亲煎药汤，并且日夜守护在母亲的床前。三年里，汉文帝悉心照顾母亲，汤药必须亲尝，他的仁孝因此而闻名天下。

"七国之乱"发生的根源是什么？

西汉初年，刘邦在总结秦亡的历史教训时，认为秦亡的原因是没有分封同姓子弟为王。因此，他一面消灭异姓诸侯王，一面又陆续分封了九个刘姓宗室子弟为诸侯王。随着时间推移，这些刘氏宗族的诸侯实力越来越大，诸侯王势力与专制皇权产生了矛盾，于是就出现了七国之乱。

"汉赋四大家"都有谁？

赋是在汉朝兴盛的一种有韵的散文。当时的司马相如、扬雄、班固、张衡被称为"汉赋四大家"。这四人都有多篇代表性的名篇传世，对当时及后世文坛影响深远。

刘濞之所以谋反，还有更为重要的原因。

吴王刘濞最初并没有反意，直到一桩事情的发生。汉文帝时，刘濞的儿子刘贤入京，得以陪伴皇太子刘启喝酒、博弈。与刘启博弈时，因棋路相争，刘贤的态度不恭敬，刘启就拿起棋盘打刘贤，不料把他打死了。刘濞这才暗自发誓，定要为儿子报仇。自此，他声称有病，不再上朝，私下里开始谋划造反之事。

第 **3** 章

汉武帝：雄才大略的皇帝

有言在先

    汉武帝刘彻是一个有大志向、大才能的君王，也是一个颇具手腕的铁血皇帝。他善于改革创新，开创人才选拔模式，独尊儒术。对外东并朝鲜、南吞百越、西征大宛、北破匈奴，杀得周边之国或臣服、或胆怯、或修好，首开丝绸之路，更是将中原文明远播域外。这一切，使得西汉王朝处处彰显傲然风骨、王者风范。

    汉武帝晚年因杀戮太过，颇思悔悟。伐匈奴不利，求神仙又不成，又因巫蛊之祸造成父子相残、太子自杀，种种打击使汉武帝心灰意冷，这也为他轰轰烈烈的人生增添了一抹暗淡的灰色。

我就喜欢孔圣人

故事主角：汉武帝

故事配角：董仲舒、窦太后等

发生时间：公元前140年

故事起因：汉武帝时，黄老之学已不适合国情，董仲舒主张"罢黜百家，独尊儒术"

故事结局：在突破重重阻力之后，汉武帝最终确立以儒学为官学

西汉初年，清静无为的道家思想被统治者大力提倡。这些政策短期内适应了长期战争后恢复生产、稳定社会秩序的要求。

但随着时代的发展，黄老学说已经不适应时代的潮流。汉武帝时期，王国势力强大并凌驾于朝廷之上，商人豪强大力兼并土地，匈奴不断骚扰边界，强化中央集权制度已经成了统治者的迫切需要。而儒家的大一统思

想以及神化皇权的观念，恰好适应了这种要求。此时的汉武帝要想建立千秋帝业，也需要这种新的思想武器。

汉武帝继位后，首先举行的一件大事是召集天下文士，亲自出题考试。大儒董仲舒提出，诸子学说使国家不能保持统一的政策，法令制度常常改变不利于统治，建议政府只用讲儒学的人为官。汉武帝采纳了董仲舒的建议，把各地举荐来的非儒学的诸子百家一概罢斥，同时任用考试优秀的儒家学者。这样一来，只有学习儒家学术才有做官的机会。汉武帝又改组"领导班子"，起用了一大批好儒学的人，如用好儒术的田蚡做丞相等，以此来褒扬儒学，贬斥道家等诸子学说。

汉武帝的改革激怒了黄老之学的首要代表窦太后。窦太后大力打击儒家，并找借口把鼓吹儒学的人投入监狱。窦太后去世后，汉武帝重用儒生，把官府里非儒家的博士一律免职，排斥黄老刑名等百家学术于官学之外，这就是有名的"罢黜（chù）百家，独尊儒术"。

汉武帝提倡的儒学，是在原来孔子仁义学说的基础上吸收了阴阳五行家神化皇权、鼓吹君权神授的思想，又接受法家君王独尊、增设刑法、任用酷吏的学说，形成的一种儒家王道与法家霸道杂合的思想。

汉武帝提倡儒家学说，确立儒学为官学，开创了两千多年来儒家学说独盛的局面，儒家思想由此成了中国封建社会的主流思想，也对中国历史的发展和传统文化的凝聚产生了极其深远的影响。

西域之行，是个苦差事

汉武帝初年，汉武帝从投降过来的匈奴人那里，得知了有关西域的情况。他们说有一个被匈奴打败的大月氏（zhī）国，向西迁移到西域一带。

汉武帝想，大月氏在匈奴西边，如果汉朝能跟月氏联合起来，断绝匈奴跟西域各国的交往，这不是等于断了匈奴的右臂吗？于是，他下了诏书，征求能到大月氏去联络的人。

有个年轻的郎中（官名）张骞（qiān），觉得这件事很有意义，便自告奋勇前往。随后又有100多名勇士应征，其中有个叫堂邑父的匈奴族人，也愿意跟张骞一块儿去找大月氏国。

公元前138年，汉武帝就派张骞带着应征的100多个人出发了。但是要到大月氏，中途必须经过匈奴占领的地界。张骞他们小心地走了几天，还是被匈奴兵给发现了，全都做了俘虏。

他们被匈奴扣押了十多年。日子久了，匈奴对他们管得不那么严了。张骞偷偷找到堂邑父，两人商量了一下，趁匈奴人不备，骑上两匹快马逃走了。他们很快进入了一个叫大宛（yuān）的国家。

大宛王早就听说汉朝是个富饶强盛的大国，听说汉朝的使者到了，非常高兴，后来，又派人护送他们到了大月氏国。

大月氏国王听了张骞的来意，不感兴趣，因为他们不想再跟匈奴结仇。

张骞和堂邑父在大月氏住了一年多，没能说服大月氏国王，只好返回长安。

公元前 126 年，张骞等人回到长安，见到了汉武帝。张骞在外面整整过了 13 年才回来。汉武帝认为他立了大功，封他为太中大夫。卫青、霍去病消灭了匈奴主力、匈奴逃往大沙漠北面以后，汉武帝再次派张骞去结交西域诸国。

公元前 119 年，张骞和他的几个副手，拿着汉朝的**旌节**（jīng jié；古代使者所持的节，以为凭信），带着 300 个勇士，还有一万多头牛、羊和黄金、绸缎（chóu duàn）、布帛（bó）等礼物去西域建立友好关系。张骞到了乌孙（在新疆境内），乌孙王亲自出来迎接。张骞送给他一份厚礼，两国自此建立友好关系。张骞又派副手们带着礼物，分别去联络大宛、大月氏、于阗（yú tián；在今新疆和田）等国。

从那以后，汉朝和西域各国建立了友好交往的关系。中国的丝和丝织品，经过西域运到西亚，再转运到欧洲，后来人们把这条路称作"丝绸之路"。

霍去病——匈奴人的心病

故事主角：霍去病

故事配角：汉武帝、卫青、苏建等

发生时间：公元前 123 年—公元前 119 年

故事起因：匈奴犯边，霍去病随舅舅卫青一同出征，得以一战成名

故事结局：在几次作战中，霍去病用兵如神，大破匈奴，战功卓越

公元前 123 年，匈奴大举犯边。汉武帝派大将军卫青率李广、苏建等六将军出击匈奴。这一次，17 岁的霍去病也随军出征。他被舅舅卫青带在身边，做了剽姚校尉，其手下的 800 个骑士，都是勇武、擅骑射的人物。

在这次大战中，卫青率大军共斩杀匈奴 19000 余人。让人惊讶的是，霍去病率领手下的 800 骑士，在黄沙滚滚的大漠里狂奔数百里偷袭匈奴，斩杀 2000 多敌人，其中就有匈奴单于（chán yú；匈奴对其君主的称号）的祖

父，还俘虏了单于的叔叔和国相。

霍去病的横空出世，让汉武帝看到了一颗"将星"，他慷慨地封霍去病为"冠军侯"，食邑两千五百户。

公元前121年春，汉武帝又派霍去病出征。霍去病率领一万骑兵千里奔袭，冲出了焉支山。那里是匈奴休屠王的领地，霍去病斩杀了折兰王、卢侯王等匈奴显贵，更获首虏（所获敌人的首级）8900余个。这一年夏天，霍去病与老将公孙敖再次出击，奔袭两千余里，在祁连山附近杀匈奴兵三万余人，俘虏众多匈奴贵族。

公元前119年，匈奴人入右北平、定襄，杀掠数千人后远逃大漠。是可忍孰不可忍，汉武帝决定对匈奴人进行还击，遂令卫青、霍去病各领五万骑兵远征匈奴。加上负责接应的步兵和为军队转运粮饷的人，兵力竟达数十万。这是汉武帝发动对匈战争以来的最大手笔。

霍去病的五万大军在沙漠里纵横驰奔，将匈奴人杀得大败，得首虏70443个，更在狼居胥（xū）山封禅而还，这是史无前例的大胜利。自此以后，匈奴人再也不敢轻易进犯汉朝。

历次对匈战争，汉人共杀匈奴18万人，一大半都是霍去病之功。所以汉武帝日益看重霍去病，让他与卫青同领大司马衔。但天妒英才，霍去病突然暴病而亡，那一年他只有二十四岁。霍去病死后，汉武帝非常伤心，将他的墓修成祁连山的模样，以表彰他的战绩。

最坑儿子的汉武帝

故事主角：汉武帝、太子刘据

故事配角：江充、胡人巫师、刘屈氂、张富昌等

发生时间：公元前91年

故事起因：江充借巫蛊之祸嫁祸太子，太子被逼而反

故事结局：太子刘据自杀，汉武帝得知真相后追悔莫及

有一天，汉武帝正在午睡，梦见无数小木人拿着木棒劈头盖脸地打过来，他想躲却无处可躲，想醒却醒不过来。好不容易醒来时，已是一身冷汗，连衣服都湿透了。自此，汉武帝的身体一天不如一天。

江充趁机进言，说有人在暗中以**巫蛊**（wū gǔ；用邪术加害于人）之术诅咒皇帝。于是，汉武帝派江充负责查明巫蛊案。

江充领着胡人巫师到处寻找木头人，很多人被施以酷刑，前后冤死的达到数万人。

江充此次的目标是太子。面对江充的肆无忌惮和无辜诬陷，太子刘据与母亲卫皇后商量，打开武库，将兵器分发给侍卫。太子最终以谋反之名杀死了江充，把江充身边的胡人巫师也活活烧死了。

　　但是，江充身边的一个手下却侥幸活了下来，他跑到甘泉宫向汉武帝报告说太子杀死江充，谋反了。

　　汉武帝一听，怒火蹭地蹿了起来。"刘屈氂在干什么？"病中的汉武帝大喝，命令丞相刘屈氂平太子之乱。

　　刘据此时已没有退路，只能一条道走到黑。他对百官说皇帝病在甘泉宫，恐怕已遭不测，现在江充等奸臣作乱，又命人放出长安城监狱里的所有囚犯，发给他们武器，准备跟城外大军拼死一搏。

　　太子来到北军大营，希望得到北军的支持。北军首领任安，从此闭门不出。太子没有办法，只得发动长安城里的群众。

　　太子素有仁厚的声名，因此百姓纷纷支持，跟随他一起作战的共有四万长安市民。城内外，矢石纷飞，几天下来，死者数万。这时候太子造反的言论在民间传开了，很多人拒绝再为太子出力。

不久，太子兵败。刘据带着两个儿子逃到湖县（在今河南灵宝），躲在一户人家里。这家人非常穷困，主人靠贩卖草鞋为生。刘据三人的到来，无疑给主人家增加了不小的负担。刘据想起了一个有钱的朋友，就叫人去通知他，以求得到接济。可是这个朋友却让太子失望了，因为不久就有官吏前来围捕。最终，太子刘据和两个儿子选择上吊自杀。太子死了，太子的母亲卫子夫也自杀而亡。

汉武帝在后来的追查中，发现许多巫蛊的行为都是查无实据，甚至是子虚乌有的。这时汉武帝才意识到太子是被冤枉的，他还害死了自己的皇后和两个孙子。盛怒之下，汉武帝下令将江充一家灭族，并将参与追杀并逼死太子的人也处死并灭族，还派人在太子自尽的地方修建了一座宫殿，名为"思子宫"，借以寄托他对太子和两个孙子的愧疚和思念。

醒木一响，评书开场！
品茶听书，为你讲述有滋有味的大汉传奇；
真真假假，权且当茶余饭后的谈资……
今天，我要给大家讲的是——元宵节的传说！

元宵节的传说

相传在汉武帝时，有个大臣叫东方朔（shuò）。一年冬天，一连下了几天大雪，御花园的梅花开得特别好，东方朔便来到御花园采梅花。刚进园门，就看见一个宫女要跳井。东方朔赶忙将之救了下来。

原来，这个宫女叫元宵，自幼进宫，便再也没见过家人。她觉得不能为父母尽孝，不如死了。东方朔听了，非常同情她，向她保证一定会让她和家人团聚。

过了几天，东方朔在长安的街头摆了个占卜摊，很多人争着向他占卜求卦。哪知大家所求的签上都写着"正月十六火焚身"。众人纷纷向他求消灾的方法。东方朔假装掐指一算，说："正月十五日傍晚，火神君会派一

正月十五长安要着火呐。

测字占卜

位身着红色衣服的仙女下凡，她就是奉旨来烧长安城的街的，而今我将偈（jì）语抄给你们，可让当今天子想想办法。" 东方朔当即写了这样的字："长安在劫，火焚

帝阙(què),十五天火,焰红宵夜。"之后便扬长而去了。

汉武帝得知此事后,连忙叫来足智多谋的东方朔商量对策。东方朔说:"听说火神君爱吃汤圆,宫中给您做汤圆的是哪位姑娘?"汉武帝随口说:"是宫女元宵。"东方朔接着说:"正月十五晚上,让元宵姑娘将汤圆做好,并由万岁您焚香上供,敬奉火神君。让家家户户也做汤圆,万民一齐给火神君上供。此外,通知全城百姓,让他们十五晚上在家门口挂上灯笼,放鞭炮,造成城中着火的假象,这样或许就能瞒过玉帝了。通知城外百姓十五晚上来城里看灯,燃放鞭炮,或许能达到消灾解难的效果。"于是,汉武帝就传旨下去。

到了正月十五,长安的街上张灯结彩,鞭炮声此起彼伏,游人来来往往,好一派热闹的景象。宫女元宵的父母和妹妹也进城来观灯。她的妹妹眼尖,一下就看到了写有"元宵"字样的大灯笼,大声喊着:"元宵!元宵!"父母也跟着喊起来。哪知元宵此时正在街上,她听到了喊声,终于和家人团聚了。

这一夜平平安安地过去了,汉武帝大喜,便下令以后在每年的正月十五都要给火神君上供,全城照样要挂灯笼、放鞭炮。人们就将这天叫作"元宵节"了。

知识补给站

什么是儒家思想？

儒家学派，是先秦诸子百家之一。公元前5世纪，儒家学派由孔子创立，脱胎自周朝礼乐传统，以仁、恕、诚、孝为核心价值，重视君子的品德修养，强调仁与礼相辅相成，重视五伦与家族伦理，提倡教化和仁政，抨击暴政。

成语"封狼居胥"是怎么来的？

封狼居胥指西汉大将霍去病登狼居胥祭天以告成功之事。公元前119年，霍去病率军北进两千多里，与匈奴左贤王部交战，歼敌七万多人，并乘胜追杀至狼居胥山，在狼居胥山举行了祭天封礼。后世用成语"封狼居胥"，来比喻建立显赫功绩。

丝绸之路具体是怎么回事呢?

从狭义上讲,丝绸之路指西汉时由张骞出使西域开辟的以长安为起点,经甘肃、新疆,到中亚、西亚,并连接地中海各国的陆上通道。因为由这条路西运的货物中以丝绸制品的最具代表性,故得此名。丝绸之路基本走向定于两汉时期,包括南道、中道、北道三条路线。

到底什么是巫蛊之术?

巫蛊是古代用以加害仇敌的巫术,起源于远古,包括诅咒、射偶人和毒蛊等。巫蛊之术常用的方法,就是以桐木制作小偶人,上面写上被诅咒者的名字、生辰八字等,然后施以诅咒,将其埋放到被诅咒者的住处或近旁。行此术者相信,经过这样的诅咒,被诅咒者的灵魂就可以被控制或摄取。

第 **4** 章

霍光是个"好管家"

有言在先

　　霍光是西汉时期有名的美男子。他虽然有颜值，却偏偏选择靠本事"吃饭"。霍光先后历经汉武帝、汉昭帝、汉宣帝三朝，也是辅佐昭、宣二帝的肱骨之臣。掌权前的霍光，"小心谨慎""思想端正"；掌权后的霍光，也正是依靠这一点，逐渐在汉廷中树立了自己的威信，并得到了多数人的拥护。

　　在霍光辅政期间，汉昭帝和汉宣帝全面采取休养生息的措施，多次大赦天下，鼓励农业，使得汉朝国力得到很好的恢复。对外也缓和了同匈奴的紧张关系，恢复和亲政策。霍光也成为汉武帝末年到昭宣时期那段历史上，最为关键的历史人物。

霍光：小心驶得万年船

故事主角：霍光

故事配角：汉武帝、汉昭帝、金日磾等

发生时间：公元前 87 年

故事起因：汉武帝去世后，霍光受命成为汉昭帝的辅政大臣

故事结局：霍光秉公办事，专心辅佐皇帝，获得了朝中官员的敬佩

　　霍光是名将霍去病同父异母的兄弟。霍去病去世后，汉武帝封霍光做了奉车都尉，成为汉武帝的贴身"保镖"。霍光这人有个特点，他做任何事都谨小慎微。据传，他每次出宫、下殿时，起止步都有固定的点，有人曾暗中跟随做记号，次次竟然丝毫不差，可见他的审慎。

　　公元前 87 年，汉武帝病逝，霍光受命成为汉昭帝的辅政大臣。一天，天上出现了怪异现象，百姓纷纷议论，连群臣百官也有些惶恐不安，似乎这预示着宫中要出现

58

祸端。霍光当机立断，召见保管皇印的郎官，要他把皇印交给自己保管。但是，这位郎官怕他有图谋不轨之心，死活不肯。霍光想强夺皇印，哪知这郎官也是一个狠角色，他对霍光说："头可断、血可流，要皇印绝不可能。"

霍光一怒之下，当即转身离开，心中暗想，自己已是第一辅政大臣，一个小小的郎官竟然不信任自己，真是气死人了。但霍光转念一想，换了自己，也肯定不会将皇印献出，这个郎官非但无过，反而有功。第二天，霍光就下令给这个郎官连升两级。霍光这种不计私怨、秉公办事的精神，受到朝中官员的敬佩。

当时的辅政大臣除了霍光，还有车骑将军金日（mì）磾（dī），左将军、太仆上官桀（jié），御史大夫桑弘羊三人。其中，金日磾和霍光关系最好。汉昭帝继位的第二年，金日磾因病去世，留下两个儿子金赏、金建。此二人是和汉昭帝一起长大的，霍光也比较喜欢这两个人。于是，汉昭帝决定封这二人为侯。

按规矩，长子应该继承父亲的爵位，次子就不能再被封侯了。于是，霍光直接对皇帝提出反对意见，皇帝却不以为然。

霍光正色道："臣和金氏家族很熟，陛下和他兄弟二人关系很好，但不能以私废公，否则就会遭到天下人的非议。无功者不能封侯，这是高祖皇帝立下的规矩，皇上不可擅自打破规矩，否则，天下定会大乱。"皇帝听了，感到霍光一片赤诚之心，于是取消了封侯之事。

在汉昭帝时期，国家采取休养生息的措施，鼓励农业，使得汉朝国力得到恢复；对外也缓和了同匈奴的关系，恢复了和亲政策。

陛下不可随便封侯。

60

死性不改的反对派

故事主角：霍光、上官桀、刘旦

故事配角：汉昭帝、桑弘羊、鄂邑盖长公主、杜延年等

发生时间：公元前 81 年

故事起因：左将军上官桀和燕王刘旦联合其他势力，决定除掉霍光，废掉汉昭帝，趁机夺权

故事结局：霍光和皇帝最终将反叛势力一网打尽

霍光辅政时，其头号政敌是左将军上官桀和燕王刘旦。本来，按上官桀和燕王的算计，如果霍光在辅政之时有什么不轨的行为或者过激的举动，他们就可以名正言顺地"清君侧"，然后废帝自立。可霍光为人谨慎，根本不给他们任何抓自己小辫子的机会。

为了成大事，扩充反叛实力，上官桀和燕王刘旦又将与霍光有矛盾的御史大夫桑弘羊、有野心的汉昭帝的姐姐鄂（è）邑盖长公主争取过来，并结成死党。

既然无机可乘，那就主动制造机会。公元前81年，他们袭用"清君侧"的把戏，令人以燕王刘旦的名义上书，捏造说"霍光正在检阅京都兵备，将被匈奴扣留19年的苏武任为典属国（官名，掌管与少数民族往来的事务），意欲借取匈奴兵力；霍光还擅自调动所属兵力。所有这些，是为了推翻昭帝，自立为帝"，并称为了防止奸臣变乱，要入朝护卫。汉昭帝对此不予理睬。

次日早朝，霍光得知消息，就站在张贴汉武帝所赠"周公辅成王图"的画室之中，不去上朝，以示清白，以此要求汉昭帝表明态度。汉昭帝见霍光未上朝，就向朝臣打听，上官桀乘机回答说："因为燕王告发他的罪状，他不敢来上朝了。"汉昭帝于是下诏召大将军。

霍光到来，汉昭帝淡然笑道："我知道那封书信是在造谣诽谤。如果你要调动兵力，用不了十天，燕王刘旦远在外地，怎么能够知道呢！况且，你如果真要推翻我，那也无须如此大动干戈！"上官桀想不到，苦心经营的计谋竟被皇帝给揭穿了。

一计不成，又生一计。上官桀等人决定武装叛变，来点"硬货"。上官桀给燕王献计，要鄂邑盖长公主麻痹霍光，宴请他，在宴会上杀了他。这样，就能控制汉昭帝了。可是，这竟被公主门下一名管稻田租税的官员听到了，将此事转告了谏大夫杜延年，杜延年又将此事告诉了汉昭帝和霍光。

霍光和汉昭帝决定，来个主动出击，先发制人。昭帝连夜下令，将上官桀、桑弘羊等主谋政变的大臣统统逮捕，上官桀还没有明白哪里出了漏洞，就落得个身死灭族的下场，鄂邑盖长公主、燕王刘旦也自杀身亡。这场由上官桀发动的政变，还没有实施，就被霍光粉碎了。

长安城抛来了"大馅饼"

故事主角： 刘贺

故事配角： 霍光、刘胥、上官皇太后、刘询等

发生时间： 公元前 74 年

故事起因： 汉昭帝死后，霍光拥立昌邑王刘贺即位，但其荒唐至极

故事结局： 霍光等几位大臣奏请皇太后废帝，当了 27 天皇帝的昌邑王最终被废掉

公元前 74 年 4 月，汉昭帝突然死去，享年 21 岁。但汉昭帝没有儿子，所以选立新君之事让霍光一时犯起难来。许多大臣主张立汉昭帝同父异母的哥哥广陵王刘胥（xū）为帝。但是霍光知道刘胥品行不端，自己怎能选立一个失德的皇帝呢？

这广陵王刘胥行事很离谱。他长得身材高大，力能扛鼎，喜好游乐，经常以赤膊、空手同狗熊、野猪等猛兽搏斗为乐，且行为放纵，素无法度。对此，大将军霍

光是一百个不愿意，决定另选他人。

既然儿子辈没有选项，那就在汉武帝的孙子辈中挑选。挑来挑去，最后决定迎立汉武帝之孙昌邑王刘贺为帝。

霍光等奏请上官皇太后发出诏令，征召昌邑王刘贺即刻赴京主持丧礼。刘贺做梦也想不到，自己远在昌邑小国，居然被长安城抛出的"馅饼"——登基当皇上——砸中。

这刘贺也是个不成器的人，和祖辈相比，可是差着十万八千里。他在去长安的路上都不消停，派人求"长鸣鸡"，作为沿途解闷的玩意；还买了几根竹子合并在一起的手杖。经过一个地方时，遇到美女，刘贺就让人强行抓到车里。进宫后，刘贺黄袍加身，立即将昌邑王府的侍从、马倌、官奴共200多人召进宫中，与他在禁宫中嬉戏耍闹；他还把各种官阶应佩戴的印绶（yìn shòu；印信和系印信的丝带），随意给昌邑王府的郎官和一些被赦免的奴隶佩戴。在刘贺做皇帝的27天里，他竟然做了1127件荒唐事，简直是千古奇闻。

如此不务正业的皇帝，让霍光一时丢了大脸。毕竟新皇帝是在自己的主持下册立的，霍光感到既对不起汉武帝的托孤之恩，也对不起先帝的贤明名声。于是，霍光和几位重臣一起去见太后，要求废掉昌邑王刘贺，太后同意了众臣的意见。于是，只当了27天皇帝的刘贺就被这样被废掉了。

公元前74年，刘贺被废后，霍光等大臣将刘询从民间迎入宫中，先封为阳武侯，后又拥立其为皇帝，他就是有名的贤君汉宣帝。

汉宣帝即位后，将刘贺送回了山东昌邑国，从此刘贺过着被监视的日子。而刘贺带去长安的200多个官员，除了三个正直的人，其他的都被斩首。

当皇帝就是为了享受的。

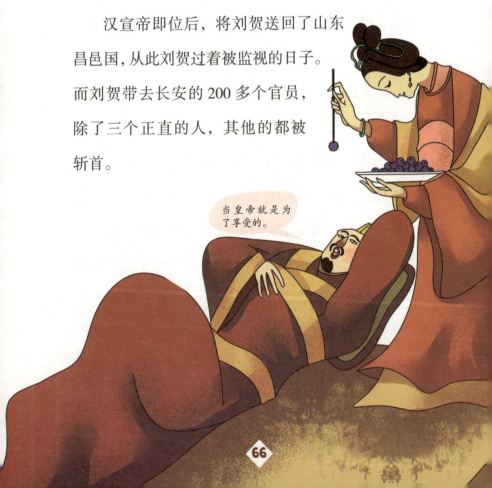

醒木一响，评书开场！
品茶听书，为你讲述有滋有味的大汉传奇；
真真假假，权且当茶余饭后的谈资……
今天，我要给大家讲的是——灌夫闹酒致祸！

灌夫闹酒致祸

灌夫是汉朝的一名将军，他勇猛善战，曾立下许多战功。可是他有一个致命弱点，就是脾性太直，说话不分场合。由于不讲究方式，以致招来了杀身之祸。

灌夫和国舅、丞相田蚡（fén）有很大的隔阂。可是在田蚡娶燕王的女儿为夫人时，太后下诏，要诸侯王和宗室大臣前去祝贺，所以灌夫也不得不去。

就在这场婚宴上，灌夫发现，当田蚡给大家敬酒时，所有宾客都"避席"——离开自己的座位，然后退下来说"不敢当"——以表示敬重；而当已经退休的老丞相窦婴来敬酒时，大多数客人都只是半避——半起避开。这种现象灌夫看在眼里，心里气愤得很，认为这些人太势利眼了，脾气一下子就控制不住了，他抓住身边的一个后辈大声训斥。

婚礼上灌夫的这个行为，让田蚡也很生气，认为太不给他面子了。两个人便较起劲儿来，灌夫干脆不管不顾地大闹婚宴，把整个宴会都搅散了。

田蚡是皇上的舅父，这场婚宴是太后下旨办的，所以，太后认为灌夫闹婚礼就是不给她和皇帝面子，于是命人把灌夫抓了起来，给他捏造了勾结地方豪强、图谋造反等罪名，将他处死了。

知识补给站

你知道"昭君出塞"的故事吗?

王昭君,原为汉宫宫女,她优雅大方、容貌美丽。汉宣帝时,南匈奴呼韩邪单于被他哥哥打败,向汉朝称臣归附。汉元帝时,呼韩邪单于入朝自请为女婿,元帝决定挑选一个才貌双全的宫女嫁给呼韩邪,这时的王昭君被选中。昭君出塞来到匈奴后,汉匈两家一直保持着友好和睦,这为边塞和平作出了贡献。

"昭宣中兴"开启了怎样的历史盛世?

西汉昭宣二帝在位时,励精图治,任用贤能,减轻人民负担,恢复和发展农业生产。他们还废除众多苛法,减免田租、税赋等。除此之外,二帝重视吏治,认为治国之道应以"霸道""王道"杂治,反对专任儒术。昭宣时这些政治、经济措施的实行，使一度衰退的西汉王朝又兴盛起来，史称"昭宣中兴"。

在古代，朝廷都在什么时候大赦天下？

中国古代封建帝王常以施恩为名赦免犯人。如皇帝登基、皇帝驾崩、更换年号、立皇后、立太子、皇帝打了大胜仗等情况下，常颁布赦令。遇天下大乱或者自然灾害，皇帝也会大赦。自然灾害严重的时候，犯罪现象就会增多，所以皇帝就大赦天下以缓和矛盾。

你知道"苏武牧羊"的历史典故吗？

公元前100年，苏武奉命出使匈奴，结果被扣留。匈奴贵族多次威胁利诱，欲使其投降，苏武宁死不肯。匈奴命他迁到北海（一说今俄罗斯的贝加尔湖，一说在今甘肃白亭海）边牧羊，扬言要公羊生子方可释放他回国。苏武历尽艰辛，留居匈奴19年忠贞不屈。公元前81年，苏武才得以返汉。

第 **5** 章

王莽是个"盗贼"

有言在先

　　王莽本是西汉外戚王氏家族的成员。在王氏家族开始得势之际，家族里只有他一个人谦恭俭让，礼贤下士，俨然一个正人君子，甚至在朝野中都素有美名。但就是这样一个人，实际上是一个善于伪装的假圣人，当他爬上权力的顶端之际，贪婪、狠毒的秉性暴露无遗，清除异己，谋逆篡国，极尽各种之非常手段。公元 9 年 12 月，王莽代汉建新，称"始建国"元年。然而，王莽和他的短命王朝，最终断送在了蜂拥而起的农民起义的洪流中。

王莽是个伪君子

故事主角： 王莽

故事配角： 王凤、皇太后王政君、汉平帝等

发生时间： 公元前 33 年—公元 23 年

故事起因： 汉成帝昏庸无道，朝廷大权被外戚王氏掌握

故事结局： 王莽毒死汉平帝后，篡夺汉朝政权自立为帝，西汉灭亡

公元前 33 年 6 月，皇太子刘骜（ào）继承皇位，是为汉成帝。但汉成帝是个荒淫无道的皇帝，他不仅痴迷酒色，还醉心于"土木工程"，又建宵（xiāo）游宫、飞行殿、云雷宫，把国家大事放在了一边。

苍蝇不叮无缝蛋。很快，朝廷的大权就被外戚掌握了。汉成帝的母亲、皇太后王政君有八个兄弟，除了一个死去的，其他人都封了侯。其中要数王凤的地位最高，他被封为大司马、大将军。

仗着王凤的势力，他的几个兄弟、侄儿都十分骄横。但只有一个侄儿与众不同，那就是王莽。他做事谦逊谨慎，生活也比较节俭。人们都说王家子弟中，就王莽是个正人君子。

汉成帝死后，在十年之内，汉朝又经历了两个皇帝——汉哀帝和汉平帝。汉平帝登基时才九岁，此时国家大事都由大司马王莽做主。很多大臣都吹捧王莽，说他是安定汉朝的大功臣，请太皇太后王政君封王莽为安汉公。据说，朝廷里的大臣和地方上的官吏、平民上书请求加封王莽的人多达 48 万。

渐渐长大的汉平帝，越来越觉得王莽的行为可怕、可恨，免不了背地里说些抱怨的话，这些话很快传到了王莽的耳中。

有一天，大臣们给汉平帝过生日，王莽借机献上一杯毒酒。汉平帝没多想，接过来就喝了。没过几天，汉平帝就得了重病死去。王莽假惺惺（jiǎ xīng xīng；形容假心假意的样子）地哭了一场。

第二年，王莽立只有两岁的刘婴为皇太子，号称"孺子婴"，以效仿周公摄政旧事，为篡（cuàn；非法夺取）

汉自立做准备。

公元 8 年 12 月，王莽逼迫王政君交出传国玉玺，接受孺子婴禅让（帝王让位给别人）后称帝，即新始祖，改国号为"新"。至此，西汉灭亡。

王莽自立为帝后，为了巩固政权，在全国实行改革，推行新制。这触及到了大地主、商人的利益，加剧了统治阶级的内部矛盾，也给人民带来了更大的灾难，很快导致了王莽政权的覆灭。

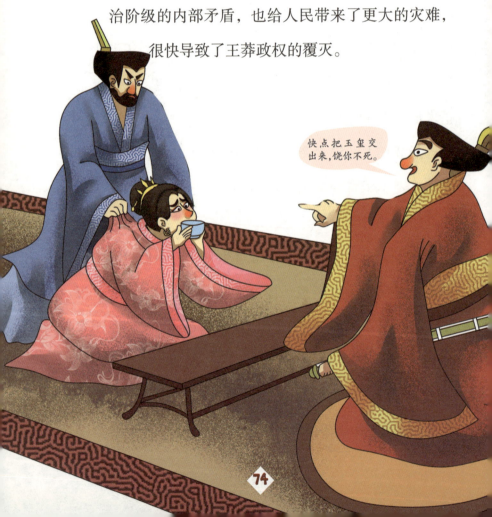

吃不上饭，我们就起义

故事主角：王匡、王凤、樊崇

故事配角：刘縯、刘秀、刘玄、太师王匡、将军廉丹等

发生时间：公元 17 年—公元 23 年

故事起因：农民闹饥荒，导致绿林、赤眉起义，王莽军几
次前去镇压

故事结局：绿林、赤眉起义军多次打败王莽的军队，拥立
刘玄做皇帝，恢复汉朝国号

公元 17 年，荆州发生大饥荒，老百姓只能靠挖野

荸荠（bí qi；多年生宿根性草本植物）充饥，野荸荠越

挖越少，便引起了打斗。新市（今湖北境内）有两个有

名望的人，一个叫王匡（kuāng），一个叫王凤，见有人

打斗，他们便出来调解，受到农民的拥护。王匡、王凤

就把这批饥民组织起来举行起义。他们的根据地在绿（lù）

林山中，故称起义队伍为"绿林军"。

王莽派了两万官兵去围剿绿林军，结果被绿林军打

得溃不成军。在胜利的鼓舞下，投奔绿林军的穷人越来

越多，起义军很快就发展到五万多人。

这时候，另一个起义领袖樊崇（fán chóng）带领几百个人占领了泰山。不到一年工夫，就发展到一万多人，在青州和徐州之间来往打击官府、地主。樊崇的起义军纪律严明，规定谁杀死老百姓就处死谁，谁伤害老百姓就要受惩罚。这样一来，得到了老百姓的积极拥护。

公元 22 年，王莽派太师王匡（和绿林军中的王匡不是同一人）和将军廉丹率领十万大军去镇压樊崇的起义军。樊崇为了避免起义兵士跟王莽的兵士混杂，叫部下把自己的眉毛涂成红色，作为识别的记号。这样，人们都称樊崇的起义军为"赤眉军"。

两军于成昌展开激战。两军刚一交锋，王莽的军队就败下阵来。太师王匡夺路而逃，部队溃散，廉丹战死。

绿林、赤眉两支起义军打败王莽军的消息一传开，便起到了很好的宣传效应，其他地方的农民也纷纷起义。一批没落的贵族、地主、豪强也乘机起兵造反。

南阳郡春（chōng）陵乡（今湖北吴店镇）的汉宗室刘縯（yǎn）、刘秀两兄弟，带领七八千人在家乡起兵，和绿林军联合起来，接连打了几个大胜仗，声势越来越大。

绿林军将士认为人马多了，必须有一个领头的才能统一号令。于是，舂陵兵推举刘縯，但其他各路将领不同意。经过商议，立了破落的贵族刘玄做皇帝。

公元23年，刘玄正式做了皇帝，恢复汉朝国号，年号"更始"，所以刘玄又称更始帝。更始帝拜王匡、王凤为上公，刘縯为大司徒，刘秀为太常偏将军，又封了其他的将领。从此，绿林军又称为汉军。

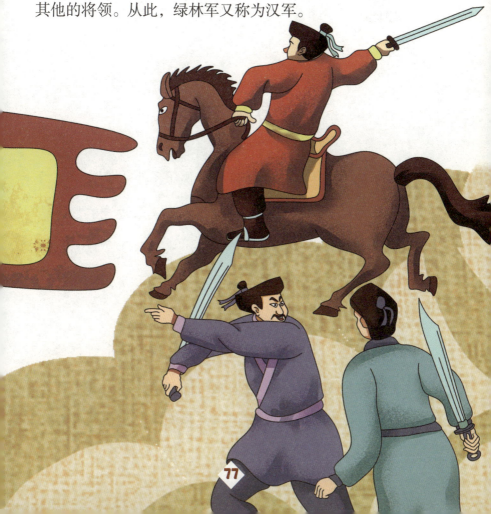

醒木一响，评书开场！
品茶听书，为你讲述有滋有味的大汉传奇；
真真假假，权且当茶余饭后的谈资……
今天，我要给大家讲的是——梅葛二圣！

梅葛二圣

西汉末年，有一个姓梅的小伙子不小心摔进了泥塘里，白衣衫让泥水弄得很脏。他来到溪水边洗衣服，结果衣服上的黑泥怎么也洗不干净。衣服晾干了以后，白色的衣服竟变成了黄颜色的衣服。没有办法，小伙子只好穿着黄衣服回家了。

没想到，村里人都说这个颜色好看。这个姓梅的小伙子把这个秘密告诉了好朋友——一个姓葛（gě）的小伙子。从此黄泥可以染布的消息传开了。人们从此穿上

了黄颜色的衣服。

梅葛二人受到鼓舞，决心找别的颜色来染衣服，但试了很多回都没成功。有一天，他们把染好的黄衣服挂在外面晾干。忽然刮起大风，把衣服吹落在草地上。他们把衣服捡起来时发现黄衣服竟变成了"花"衣服——青一块，蓝一块。他俩很吃惊，难道这是青草的颜色？

他们为了验证想法，割了一筐青草带回家。回家后，二人就忙了起来，他们先把青草捣烂，然后放到水缸里，最后将白布放进去浸泡。不一会儿，白布变成了蓝布。后来这种染布的方法流传到了民间，人们不但知道了用"蓼（liǎo）蓝草"可以将衣服染成蓝色，而且还从蓼蓝草中提取出了一种叫"靛（diàn）青"的染料。

还有一次，梅葛二人在一起喝酒，两人边喝边谈，很是高兴。由于笑得太厉害，一不小心把嘴里的酒都喷到了染缸里，没想到"因祸得福"，染缸里的蓝布竟然变得更加鲜艳，十分漂亮。从此，梅葛二人在染蓝布的时候，就改用一种酒糟发酵，用蓼蓝沉淀物还原的方法染蓝布。这种方法染出来的布颜色纯正，久不褪色。

工匠们为了纪念梅葛二人开创染布业、发明染料的伟大功绩，尊称他们为祖师爷，这就是后来的"梅葛二圣"。

知识补给站

真实的王莽，是一个怎样的人？

王莽是一个性格复杂的人，他的前半生大仁大义、大忠大孝、为官清廉、做人朴素，其宽厚、仁德的形象，为人所称道。然而王莽在篡权后，开始暴露出性格中最极端的一面，他性情狂躁、刚愎自用，呈现出没有底线的残暴和贪婪，成为对百姓最为狠毒的虎狼之徒。其不得人心的行径，最终让自己走上了穷途末路。

你知道什么是察举制度吗？

察举制度是流行于汉朝的一种人才选拔制度。察举，即由诸侯王、公卿、郡守推荐人才给朝廷，再由朝廷遴选。察举对象可以是平民，也可以是官吏。这些被察举的人才到朝廷后，还要经过考试，通过后才算过关。察举制度基本保证了汉王朝对人才的需求。

王莽改制具体是怎么回事？

王莽改制是新朝皇帝王莽为缓和西汉末年日益加剧的社会矛盾，巩固自己的统治而采取的一系列新的措施，包括土地改革、币制改革、商业改革和官名县名改革等，但王莽的改制不仅未能挽救社会危机，反而使各种矛盾进一步激化，终于导致了以赤眉军、绿林军为主的农民大起义，新朝最终灭亡。

王莽为什么定国号为"新"？

公元前16年，29岁的王莽被封为新都候，封地就在南阳新野的都乡（今河南九女城）。公元8年，王莽在朝野的广泛支持下，通过禅让登上了皇位。王莽自称肇命于新野，故国号为"新"，史称"新朝"。

第**6**章

刘秀翻身做皇帝

 有言在先

　　新朝末年，绿林军、赤眉军等起义蜂拥而起，平民小子刘秀看到了出人头地的机会，也在家乡起兵，加入到了混战之中。凭借自己的才干、聪明和城府，刘秀在众多英豪中脱颖而出。历经12年之久，刘秀先后灭掉多个割据势力，建立了东汉政权，是为汉世祖光武皇帝，实现了从平民小子到大汉天子的传奇蜕变。

　　刘秀不仅是带兵打仗的将才，还是治国理政的一把好手，他对内稳定政权、整顿吏治、减轻赋税，恢复生产，使东汉出现了经济恢复、人口增长的安定局面，进入了"光武中兴"的历史时期。

平民小子的逆袭战

故事主角： 刘秀

故事配角： 王寻、王邑、严尤、陈茂、王凤等

发生时间： 公元 23 年

故事起因： 王莽百万大军围攻昆阳，形势危急，刘秀紧急搬救兵

故事结局： 刘秀以少数兵力大败王莽百万大军

公元 23 年 3 月，刘秀带领汉军攻克昆阳，随后又拿下其他几座城池。这让王莽很气恼，于是派王寻、王邑带领百万大军来抢夺失地。

不久，王寻、王邑便与守将严尤、陈茂会合。严尤向主将王邑献计，可集中兵力攻打宛城（今河南南阳）的刘縯的军队，这样就可以造成合围之势。王邑是一介莽夫，根本听不进去。随即，王邑下令部队全力进攻昆阳。

当王邑大兵压境、旌旗漫天之时，部分兵将有些害怕，刘秀说："现在我们的兵马、粮草太少，而外敌强大。只要我们团结起来守住昆阳，就能等到援军。"

　　此时，昆阳城中的军队只有八九千人，如果硬碰硬，无疑是鸡蛋碰石头。刘秀担心守不住城池，于是让成国上公王凤、廷尉大将军王常留守城中，自己则带着13人，趁着夜色骑马冲出昆阳城，到外面去搬救兵。

　　为了尽快攻下昆阳，王邑派兵大肆进攻昆阳城。眼见昆阳城就要守不住了，王凤等人试图向王邑投降，哪知王寻、王邑二人不接受投降，还让使者捎话回去，让王凤洗净了脖子等着大军来砍杀。

　　很快，刘秀便带着援军赶来，王寻、王邑也派出数千人马迎战。

　　刘秀率一个小分队冲入敌军杀了一个回合，剿灭敌人数十人。众将见刘秀如此英勇，也都不顾一切地奋力冲杀。王寻、王邑的军队向后退去，刘秀等乘胜追击，斩下成百上千敌人的首级。

　　为了尽快取得胜利，刘秀想出了一条攻心之计。他让人装扮成刘縯的人，从宛城方向来到昆阳，报信说"宛城已经攻破，不久援兵必到"，又让送信的人故意把信丢失。

王寻、王邑得到了信，知道了这个消息，有些害怕。刘秀见他们高挂免战牌，就知道此计已经成功。于是他率领三千敢死队，从城西渡水冲击敌军最精锐的中坚，王寻、王邑的军阵一见敌人如此英勇，马上就混乱起来。刘秀乘机摧毁了敌阵，杀死了王寻。

城中的义军也击鼓呼喊，一时间呼声震天动地，王莽的军队大败，兵士纷纷逃跑。就在这时，天空电闪雷鸣，大雨倾盆而下，河水泛滥，战败的王莽部队抢着渡河，淹死的人数以万计。王邑、严尤、陈茂等王莽军大将，只能轻装骑马踏着死尸渡水逃走。

昆阳之战后，新莽王朝的主力精锐部队几乎被全部歼灭。不久绿林军攻入长安，王莽被杀，新朝灭亡。

白手起家当皇帝

故事主角：刘秀

故事配角：刘縯、更始帝、樊崇、刘盆子等

发生时间：公元 23 年—公元 27 年

故事起因：刘秀与更始帝决裂后，在河北称帝，并开始了
统一的进程

故事结局：刘秀打败了实力强大的赤眉军，最终平定国内

公元 23 年，昆阳一战使刘縯和刘秀名扬天下。有人劝更始帝刘玄把刘縯除掉。更始帝便找了个借口，杀了刘縯。

刘秀听说他的哥哥被杀，知道自己打不过更始帝，只好强忍仇恨到宛城向更始帝赔礼。

更始帝见刘秀不记他的仇，还有点过意不去，就封刘秀为破虏大将军，但没有重用他。后来，攻下了长安，更始帝才给了刘秀少数兵马，让他到河北去招抚各郡县，这让刘秀看到了盼头。

这时候，各地的豪强大族有自称将军的，有自称为王的，还有的自称皇帝，各据一方。刘秀到了河北，废除了王莽时期的一些严酷的法令，释放了一些囚犯。同时，不断消灭割据势力，镇压河北各路农民起义军。很快，整个河北就成了刘秀的地盘。

公元 25 年，刘秀公开与更始帝决裂，手下的将领开

我樊崇竟是这般下场。

始商议为刘秀上尊号、称帝位的事情，刘秀装模作样地"三推"之后，便自立为皇帝，就是汉光武帝。

更始帝迁到长安后，便开始腐化起来。原来的一些绿林军将领，看到更始帝整天花天酒地，不问政事，都十分不满。赤眉军的首领樊崇看更始帝腐败无能，就立

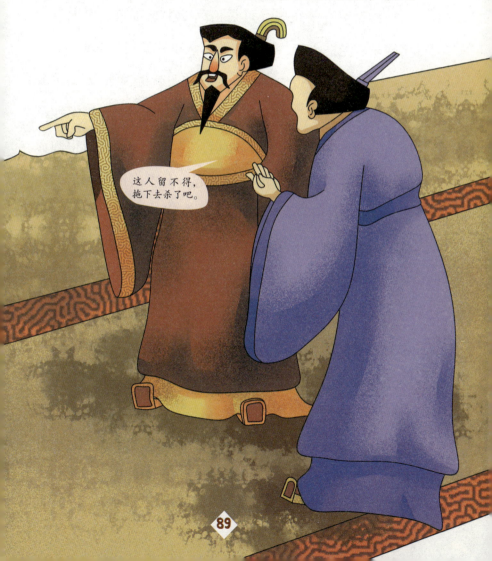

这人留不得，拖下去杀了吧。

15 岁的放牛娃刘盆子为皇帝，率领 20 万大军进攻长安，不久就攻占了函谷关。

更始帝眼看赤眉军就要攻到长安了，便率领文武百官跑了。樊崇进入长安后，限令更始帝在 20 天内投降。更始帝走投无路，只好带着玉玺向赤眉军投降。

赤眉军进了长安，可是粮草发生了短缺，天天有士兵饿死。无奈之下，樊崇带着军队离开长安往东走。

汉光武帝听说赤眉军向东转移，就带领 20 万大军分两路设下了埋伏。他派大将冯异到华阴，把赤眉军往东边引。赤眉军被诱引到崤山后，冯异让伏兵打扮得和赤眉军一模一样，双方混战在一起，分不出谁是赤眉兵，谁是汉兵。打扮成赤眉军模样的汉兵高声叫嚷"投降""投降"，赤眉军兵士一时彻底懵了，一乱就被缴了武器。

公元 27 年 1 月，樊崇带着残余的赤眉军向宜阳（今河南宜阳县）转移。汉光武帝亲自率领两路人马截击，把赤眉军围困起来，樊崇只好请降。汉光武帝把刘盆子、樊崇等人带回洛阳。但是不到几个月，就把樊崇杀了。

全国平定后，光武帝刘秀加强了中央的统治，通过休养生息使人民安心从事生产，经济得到发展，社会比较稳定，这一历史时期被称为"光武中兴"。

脖子"最硬"的县官

故事主角：董宣

故事配角：光武帝、湖阳公主等

发生时间：不详

故事起因：湖阳公主家奴杀了人，董宣令人将其捉拿并处死，公主向光武帝告状要惩治董宣

故事结局：董宣不肯低头，宁死不服，被光武帝称为"硬脖子县令"

    董宣，陈留人，曾任宣怀县令，后任洛阳令。有一次，光武帝的姐姐湖阳公主有一个家奴行凶杀了人，躲在公主府里不出来。董宣不能进公主府去搜查，就天天派人在公主府门口守着，等那个凶手出来，以便捉拿。

    有一天，湖阳公主坐着马车外出，那个杀人凶手也跟在身边侍候。董宣得到了消息，就亲自带**衙役**（yá yì；衙门中的差役）赶来，拦住湖阳公主的车。他不顾公主阻挠，吩咐衙役把凶手抓起来。然后，就当场把他处

决了。

　　湖阳公主怒气冲冲地赶到宫里，向光武帝哭诉董宣怎样不给面子，怎样欺负她。光武帝听了，十分恼怒，立刻召董宣进宫，吩咐内侍当着湖阳公主的面，责打董宣，替公主出气。

　　董宣不动声色地说："先别动手，让我把话说完，我情愿死。"光武帝瞪着眼说："你还有什么话可说？"

　　董宣说："陛下应该注重法令。现在陛下允许公主放纵奴仆杀人，怎么能治理好天下？用不着打，我自杀就是了。"说罢，他仰起头就向柱子撞去。

　　光武帝连忙喊内侍拉住董宣，可是董宣已经撞得头破血流。光武帝认为董宣说得有理，不该责打他，但是为了照顾湖阳公主的面子，便要董宣去给公主磕个头、赔个礼。

　　但董宣宁愿不要命，也不肯磕这个头。内侍把他的脑袋往地下摁，可是董宣用两只手使劲撑着地，挺着脖子，不让内侍把他的头摁下去。

　　内侍知道光武帝并不想责罚董宣，可又得给光武帝个台阶下，就大声地说："回陛下的话，董宣的脖子太硬，摁不下去。"

湖阳公主见状不满地说："皇上在做平民的时候，也藏过逃亡和犯死罪的人，官吏都不敢上门。现在身为天子，难道还对付不了一个县令吗？"光武帝苦笑着说："天子和平民是不一样的。"光武帝让人把董宣的头包扎好，并赐他到太官府吃饭。饭后，董宣把碗反扣在桌子上，光武帝问他这是什么意思，董宣说："我吃饭不敢有余粒，如同奉职尽忠不遗余力一样。"光武帝深为感动，称之为"强项令"，也就是"硬脖子县令"的意思。

董宣担任洛阳令五年，对各种不法行为严加打击，被人称为"卧虎"。74岁那年，董宣死在任上。光武帝专门派使者前去**吊唁**（diào yàn；祭奠死者并慰问其家属），只见董宣身盖一布被，妻子、儿女相对而泣，家中仅有大麦数**斛**（hú；旧量器，一斛本为十斗，后来改为五斗），破车一乘。光武帝听说后，伤感地说："董宣廉洁，死后才真正知道。"

醒木一响，评书开场！

品茶听书，为你讲述有滋有味的大汉传奇；

真真假假，权且当茶余饭后的谈资……

今天，我要给大家讲的是——丁兰刻木事亲！

丁兰刻木事亲

汉朝时，有一个人叫丁兰，他对父母健在时自己未能尽孝而痛悔不已，越发思念已经离世的父母。于是，他就用木头雕刻出父母的样子，供在家中堂上敬奉。

一天，一位名叫张叔的人到丁兰家借东西，丁兰不在，丁妻当时不知道是否应借，就只好来到父母的木像前询问。

丁兰的妻子虔（qián）诚地向木像询问，结果得到的答案是不借。于是，丁妻只好如实告之。张叔十分愤怒，对着木像怒骂起来，还动手打了木像。

丁兰回来后，从妻子那里得知张叔辱骂过木像，愤怒至极，于是就去找张叔理论，谁料张叔说话十分难听。情急之下，丁兰出手打了张叔。张叔感到十分不平，就向衙门告了状。张叔也的确被打伤了。

衙门便派人抓了丁兰，走前他流着泪对木像说："儿子不孝，让你们受了委屈，现在又出手打了人，要受到官府的惩罚。不仅使你们蒙受羞辱，还让你们为我担忧，实在不应该！"

就在丁兰向父母忏（chàn）悔时，两尊木像神情显得非常痛苦，眼里还缓缓流出了泪水，在场的人，都感到非常惊奇。

地方官得知后，钦佩丁兰的孝心，向皇上奏明了情况，免除了对丁兰的处罚，还举荐他为"孝廉"。

知识补给站

昆阳之战，刘秀为什么能以少胜多？

作为起义军的首领，刘秀得到民众的拥护和支持；在策略上，刘秀调集兵力，积极反攻，牢牢地掌握了战场的主动权；在作战中，刘秀和士兵敢于拼杀，又善于攻心战，积小胜为大胜；在战机上，刘秀选择敌军指挥部为首要进攻目标，使得敌军群龙无首。

刘秀真的是刘邦的后代吗？

刘秀是汉高祖刘邦的九世孙，出自汉景帝子长沙定王刘发一脉，到刘秀父亲这一辈时，只是济阳县令这样的小官员了。而到刘秀这一辈时，年仅九岁的刘秀和兄妹成了孤儿，生活无依，只好回到祖籍春陵白水村，依靠叔父抚养，成了平民。

刘秀为什么被人称作"牛背上的开国皇帝"?

刘秀兄弟在南阳郡的春陵乡起兵,故称刘秀兄弟的兵马为春陵军。而军中的主力为南阳的刘氏宗室和本郡的豪杰,当时兵少将寡,装备极差,甚至在起兵初期,刘秀是骑着牛上阵的,这也成为后世演义中的一段佳话,即所谓的"牛背上的开国皇帝"。

成语典故"得陇望蜀"是怎么来的?

东汉初年,隗嚣(wěi xiāo)割据陇地,公孙述割据蜀地,二人相互勾结,对抗朝廷。公元32年,大将军岑彭随光武帝亲征陇西,将隗嚣围困,把公孙述的援兵也包围了起来。回到京都,刘秀给岑彭去信说:平陇后不应满足,应继续南下平蜀。这就是成语"得陇望蜀"的由来,该成语现形容得寸进尺,贪心不足。

第 **7** 章

班超经营西域立大功

有言在先

　　班超是深入西域的孤胆英雄，是带领 36 人定西域的传奇人物，也是平定西域的伟丈夫。为了国家边疆的安稳，他投笔从戎，随军出击北匈奴。在之后的几十年里，他不畏风险、游说于西域各国。他自始至终立足于争取多数，分化、瓦解和驱逐匈奴势力，因而战必胜，攻必取。不仅维护了东汉的安全，而且加强了与西域各族的联系，并最终平定了西域 50 多个国家，为西域回归、促进民族融合，作出了巨大贡献，班超也实现了立功异域的理想。

投笔从戎的热血男儿

故事主角：班超

故事配角：班彪、班固、窦固、鄯善王、于阗王等

发生时间：公元 73 年

故事起因：听到匈奴不断掳掠边民和牲口，班超决定投笔
从戎

故事结局：班超有勇有谋，使西域一些国家不与匈奴来往

　　汉光武帝建立东汉后，让大学问家班彪整理西汉的历史。班彪有两个儿子，一个叫班固，另一个叫班超。班彪死后，汉明帝任命班固为兰台令史，继续完成他父亲整理历史书籍的事业。

　　班超也跟着他哥哥做抄写工作。后来，班超听到匈奴三番五次地抢夺边民和牲口，就扔下了笔，气愤地说："大丈夫应当像张骞那样到塞外去立功，怎能在书房待一辈子呢？"就这样，他下决心放弃"文案"工作，去战场立功。

公元 73 年，班超投笔从戎，以代理司马之职，随窦固大军，大败匈奴呼衍（yǎn）王。在这次战役中，班超机智勇敢，深得窦固的赏识。

窦固为了抵抗匈奴，采用了汉武帝的办法——派人到西域去和各国建立友好关系，共同对付匈奴。班超带着 36 个随从，先到了鄯（shàn）善（在今新疆境内）。鄯善王看到汉朝派了使者来，很高兴，非常周到地招待班超一行。

谁知这鄯善王翻脸比翻书还快，没几天，就对班超他们冷淡了。班超感觉不妙，他从随从口中得知匈奴也派使者来了，所以鄯善王犹豫不定。

班超立即与同行的 36 个随从密商，夜袭匈奴使者。班超布置随从们趁夜纵火烧了匈奴营帐，将匈奴使者一把火全烧死了。第二天，班超把鄯善王请来，鄯善王看到匈奴使者惨不忍睹的人头，非常惊叹汉家将军的英勇，马上打消疑虑，摆脱匈奴的统治，与汉家复通友好。

班超回到洛阳，汉明帝提拔班超做军马司，又派他去于阗联络。于阗王接见班超的时候，有些爱搭不理。班超劝他脱离匈奴，跟汉朝修好。这于阗王竟然找来巫师，准备向神请示。班超见巫师装神弄鬼，借神的名义表示不愿与汉朝结交，便拔刀杀了巫师。最后，于阗王同意和汉朝修好，并主动把匈奴派来监视他们的"监护使者"杀了。

声东击西要你命

故事主角：班超

故事配角：莎车国王、龟兹国王等

发生时间：公元 87 年

故事起因：班超想平定莎车国，莎车国王连忙向龟兹国求援

故事结局：在敌众我寡的情况下，班超以智平定了莎车国

班超受命出使西域的过程中，为了便于把西域各国联合起来，必须先打通南北的通道。当时，在大漠的西缘，有一个叫作"莎车"的小国，经常挑唆周边的国家归附匈奴，对抗汉朝。

公元 87 年，班超决定首先平定莎车国。莎车国王连忙向北边的龟兹（qiū cí）国求援，龟兹国王知道后，亲自率领五万人马前来援救。而班超联合了于阗等国，兵力仅仅只有 25000 人——敌众我寡，显然不能硬碰硬。于是班超想出了一条声东击西的计策。他暗中派人在军

中散布将士们对自己不满的言论，还特意放出军队打不赢龟兹、准备撤退的消息。

这一天黄昏，班超命令于阗大军向东撤退，自己则率部队向西撤退，还故意放走了被俘的莎车国俘虏。俘虏逃回莎车营中，向龟兹国王报告了汉军撤退的消息。龟兹国王果然上当，他误以为班超惧怕自己而要逃跑，所以想趁此机会追杀班超，将汉军赶尽杀绝。

龟兹国王立刻下令兵分两路追击，他亲自率一万精兵向西追杀班超。班超胸有成竹，趁夜幕笼罩大漠，撤退仅十里地，部队便就地隐蔽起来了。龟兹国王求胜心切，率领追兵从班超隐蔽处飞驰而过。班超立即集合部队，与事先约定的东路于阗人马迅速会师，杀向莎车国。

面对如从天降的班超部队，莎车国猝（cù）不及防，迅速瓦解。莎车国王逃走不及，只得向班超投降。气势汹汹的龟兹国王追了一夜，连班超部队的踪影都没见着，而后又听得莎车国人马伤亡惨重、已经被平定的消息，只得收拾残部，悻悻（xìng xìng；怨恨失意的样子）地返回了龟兹国。几年后，龟兹国也向汉朝投降。

班超威震西域

故事主角：班超

故事配角：焉耆王广、尉犁王泛、北鞬支、元孟等

发生时间：公元 94 年

故事起因：班超带领军队准备征服焉耆、危须、尉犁三个
西域小国

故事结局：班超取得最后的胜利，西域 50 多个国家都归
附了汉王朝

公元 94 年秋天，还有三个不服汉朝的西域小国：焉
耆（yān qí）、危须、尉（yù）犁。于是，班超调发龟兹、
鄯善等八国的部队共七万人，进攻三国。

大军行到尉犁，班超派使者通告三国国王："都护
这次到这里来，只想要安定、抚慰三国。你们如果想要
改过从善，就派首领来迎接我们，抚慰完毕我们便会回军。
现在赏赐你们国王彩色丝绸 500 匹。"焉耆王便派左将
北鞬支送来牛酒，迎接班超。

班超指责他说："你虽然是匈奴侍子，可你掌握了国家大权，我都护亲自来到，你们国王不按时欢迎，都是你的罪过。"班超手下的人想杀了北鞬支，班超不同意。班超送给北鞬支不少礼物，放他回国。

焉耆王见北鞬支安然无恙，就亲率高官在尉犁迎接班超，奉献礼物。但他并非真想让班超进入他的国境。焉耆王一从班超那里返回，立即下令拆掉了国境山口的围桥，班超却从别的道路进入其国，在距王城二十里的地方驻扎部队。焉耆王见班超突然到来，大惊，想逃入山中抵抗。焉耆国左侯元孟，悄悄派使者向班超报信。班超为了稳定焉耆国贵族，斩杀了元孟的使者。班超定下时间宴请三国国王及大臣，说到时候将厚加赏赐。焉耆王广、尉犁王泛及北鞬支等30多人信以为真，一起到会。焉耆国相腹久等17人害怕被杀，逃跑了，危须王也没有来。

宴会开始，大家坐定，班超突然变了脸色，责问焉耆王等："危须王为什么不来？腹久一班人为什么逃跑？"喝令武士把广、泛等一举抓获，并把他们全部斩杀，传首京师。班超另立元孟为焉耆国王，为稳定局势，班超在那里停留了半年。

而后，西域 50 多个国家都归附了汉王朝，班超终于实现了立功异域的理想。

醒木一响，评书开场！
品茶听书，为你讲述有滋有味的大汉传奇；
真真假假，权且当茶余饭后的谈资……
今天，我要给大家讲的是——不听忠言的任尚！

不听忠言的任尚

西域都护使班超年老时，特别思念故乡，就向朝廷上书请求回朝。班超被朝廷召回后，接任西域都护使职位的是任尚。

任尚在上任前特意拜访了班超。任尚对班超说："我就要上任去了，君侯能否教我一些管理西域的妙法。"班超说："我年纪大了，越发有些愚笨，但也有几句话要对你说。塞外的官兵都是有罪才被迁徙到那里的，而西域各国的人又各怀心思，稍处理不好就容易出问题。

如今您的性格有些急躁，也过于严厉。清水无大鱼，您应当采取宽松易行的政策。宽恕小的过错，抓住重要的环节就行了。"

对于班超的话，任尚不以为然，他还私下对别人说："我还以为班超有啥好方法，听了他的话，也不过平常而已。"正因为任尚不听忠告，最终断送了西域的和平局面。

在任尚做西域都护使期间，由于他一意孤行，很多问题处理不当，导致很多西域小国背叛，并使西域处于刀兵相见的状态。管理西域不善，任尚也因此获罪，在被召回京师后，被斩首于闹市中。

✤ 知识补给站 ✤

成书于东汉的《汉书》，是一部什么书？

　　《汉书》是中国第一部纪传体断代史，由东汉史学家班固编撰。《汉书》全书主要记述了上起西汉的汉高祖元年（公元前206年），下至新朝王莽地皇四年（公元23年）共229年的史事。《汉书》包括纪十二篇、表八篇、志十篇、传七十篇，共一百篇，后人将其划分为一百二十卷，全书共八十万字。

班超经营西域有什么重要意义？

　　班超在西域待了数十年，在这些年里，他一直兢兢业业地经营着西域，平定西域各国，使西域与汉朝关系得到恢复，也对巩固我国西部疆域、促进多民族国家的发展作出了卓越贡献。除此之外，还开辟了"丝绸之路"，促进了中国和中、西亚各国的经济文化交流。

古代的西域，指的是今天的什么地方？

自汉代以来，狭义上的西域是指玉门关、阳关以西地区的总称。而广义的西域则是指凡是通过狭义西域所能到达的地区，包括亚洲中、西部，印度半岛，欧洲东部和非洲北部在内。

东汉时设立的西域都护府是怎样的机构？

西域都护府是汉朝时期在西域（今新疆）设置的管辖机构。"都护"是汉朝西域地方最高长官。西域都护府的主要职责在于守境安土、协调西域各国间的矛盾和纠纷，制止外来势力的侵扰，维护西域地方的社会秩序，确保丝绸之路的畅通。

第 **8** 章

外戚、宦官的黑历史

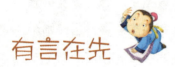

有言在先

　　汉章帝以后，外戚政治与宦官专权让东汉社会极为动荡和混乱，外戚斗外戚，宦官斗外戚，你争我夺、血腥杀戮的"剧情"频繁上演，斗得你死我活，不可开交。

　　那时的皇帝多是年幼即位，其母后往往手握大权，而东汉的外戚多是实打实的世家豪门，所以会无视年幼的皇帝，形成专权。可是皇帝长大后又不愿长期做任人摆布的"木偶"，便依靠身边的宦官与外戚进行斗争，东汉的国运就在一次次争斗中不断被消耗殆尽。

窦氏家族独掌朝政

故事主角：窦太后

故事配角：窦宪、窦笃、邓乾、汉章帝刘炟、刘肇等

发生时间：公元 78 年—公元 88 年

故事起因：窦皇后得汉章帝刘炟宠信，窦氏集团的权力不断扩大

故事结局：汉章帝刘炟死后，窦氏彻底把控了朝政

公元 78 年，因得汉章帝刘炟（dá）宠信，窦氏被立为皇后，而身为皇后之兄的窦宪，也借势爬上了虎贲中郎将的位置，其弟窦笃（dǔ）也当上了黄门侍郎。这二人仗着妹妹在皇宫受宠，狂妄自大，无法无天。

一次，窦宪到洛阳城外一庄园，看见这里风景优美，便想霸占。这庄园的主人正是邓乾。邓乾就是当朝驸

113

马——汉章帝刘炟的亲妹妹沁水公主的丈夫。

见窦宪扔下一贯钱——还不足以买庄园的一个小亭子，邓乾顿时火冒三丈，准备和他据理力争。幸亏沁水公主是聪明人，当即劝道："如今窦家势力遮云蔽日，别说是我们，就是当朝皇帝的姑姑，还不是因为得罪了他们，而被陷害了。"

邓乾在公主的劝解下，只能将庄园拱手相送。此后，汉章帝刘炟自己感觉到不对，逼问之下，才知道窦宪欺

立了小皇帝，天下就是我们窦家的了。

负到了自己妹妹的头上。可是刘炟禁不住窦皇后的几番劝阻，最终只叫窦宪归还庄园，没有给他任何惩罚。从这件事可以看出，刘炟越发地软弱了，而且他基本掌握在皇后的手中。

过了几年，汉章帝刘炟死了，在皇后和窦宪的扶持下，年仅十岁的刘肇（zhào）登上大位。刘肇继位，窦氏兄妹最为高兴，窦氏成了太后，兄长窦宪成了辅政大臣，一时间，不仅皇帝被他们视为手中的玩物，哪怕整个江山，也几乎要改名换姓了。

这兄妹俩一掌权，就开始了肆无忌惮（sì wú jì dàn；非常放肆，一点没有顾忌）的行动。他们不惜擅自修改先帝刘炟的遗诏，让很多宗室大臣离开京城，同时大力调整人事，对窦氏家族的人加官进爵，令其入宫主事。不久，又将先帝刘炟最要好的兄弟刘党撵出京师洛阳。这时的朝堂，要么是窦宪的爪牙，要么是害怕引火烧身之人，就连一些忠义正直的大臣，也只能扼（è）腕叹息。

清除了潜在的威胁，窦太后心里的大石头落了地，于是她以皇帝年幼为由，临朝听政。自此，外戚政治在汉朝再一次上演。

窦宪"吊打"北匈奴

故事主角：窦宪

故事配角：耿秉、汉和帝刘肇等

发生时间：公元 89 年

故事起因：窦宪带汉军出击北匈奴，想彻底解除北部威胁

故事结局：汉军将北匈奴军打得落花流水，降敌 20 多万

公元 89 年 10 月，汉朝以窦宪为车骑将军，带领一万多精兵，目标直指北匈奴。这一次，窦宪出击匈奴，也是为实现自己多年的愿望：做一名可与卫青、霍去病一样的英雄。愿望是好的，可是军队一路向北，却连北匈奴的影子都没看到。

此次与窦宪一起出征的大将还有耿秉（gěng bǐng）。耿秉对匈奴地区的风土民情、气候地形很了解。窦宪见多日不见对手，有些着急，只能和耿秉商讨部队下一步的方向。

耿秉从容地说："此时入秋，北方温度下降，水草越往北就越稀疏。因此，北匈奴只能向南转战，才不至于被困死。"耿秉建议大军继续北进，同时派出更多探子寻找北匈奴主力。窦宪一听，很是高兴。

此刻，北匈奴也意识到自己一路向北，逐渐进入了"死胡同"，一旦秋天过去，牧民的牛、羊、马及部队的战马都只能饿死。因此，只有南进，才有活下去的机会。与其饿死，不如和汉军真刀真枪地干一仗。

连日来，汉军又向北进军了500余里，还是没看到北匈奴的踪迹，军中将士大多生出退却之心。耿秉见状，急忙向窦宪进言，命令大军停止进军。耿秉认为，汉军行军太久，应该就快和北匈奴大军交锋了，当务之急是将大军各部合兵一处，保证绝对优势。

窦宪听了，觉得很有道理，于是令属下向大军各部传递将令，让他们快速向中军收缩，会师一处。

不久，汉军与北单于统率的主力部队相遇，忽然一见，汉军大喜过望，主将一声令下，大军如潮水般向北匈奴奔去。而北匈奴的大军，连日来都在东躲西藏，心中已留下害怕的阴影，双方激战不久，汉军大败北匈奴军。

北匈奴军溃散，北单于趁乱逃走。在交战中，汉军斩杀匈奴 13000 多人，获马、牛、羊等百万多头，前后共有 20 多万人投降。

经此一战，北匈奴被打得伤了元气。听闻胜利消息，汉和帝下诏，任命窦宪为大将军，并封其爵为武阳侯，食邑二万户。

我窦宪从此是大将军啦。

小皇帝也有"硬手腕"

故事主角：汉和帝刘肇

故事配角：刘庆、司空任隗、司徒丁鸿、郑众、窦宪等

发生时间：公元92年

故事起因：窦氏集团独揽朝政让汉和帝刘肇心生不满，决定彻底将其铲除

故事结局：在许多忠臣的帮助下，汉和帝刘肇一举拿下窦宪，彻底铲除了窦氏集团

刘肇当皇帝后，彻底成了绣花枕头，被窦氏一族控制得死死的。随着长大，刘肇对窦家人的横行霸道越发看不下去，但又无可奈何。

一日，清河王刘庆与刘肇谈话，刘肇说出了自己的烦恼。刘庆认为，要想翻盘，就得依靠那些平时和窦宪作对的人。刘肇大喜，决定召集司空任隗、司徒丁鸿这二人进宫。

刘庆赶忙劝阻。他分析到，如今窦宪在朝廷耳目众多，

一旦皇帝召集司空任隗、司徒丁鸿入宫，势必引起窦宪的警觉。刘肇一听，心又凉了半截。忽然，刘庆说道："我年少时，母亲被害，我因伤心过度，差点做错事，幸好有个忠臣为我开解，我才得以活下来。"

刘肇忙问那位忠臣是谁，刘庆笑道："他就是郑众。此人忠于大汉，有他相助，一定能办成大事！"刘肇决定向郑众求助。

刘肇见到郑众，直截了当地说出了当前的朝廷局势，并含蓄地表明了想要亲政的想法。郑众一听，急忙说道："当今天下，虽然名义上姓刘，但实际上掌控在窦氏家族手中。而您要独立，必须首先除掉窦宪。此事宜早不宜迟。"于是，开始商议具体计谋来。

没过多久，窦宪从驻兵之地班师回朝。他不知道，此时的深宫之中，一张大网已悄然打开，等着自己来投。

刘肇听说窦宪要回来的消息，便下诏派人到郊外迎接，并按等级赏赐军中将士。同时让郑众召集司空任隗、司徒丁鸿等人，带兵把守进城的宫门，只待窦宪一入皇宫，便来个瓮中捉鳖。

此时，窦太后也察觉到情况不妙，于是派人通风报信，但是刘肇早就命人把守住了宫门，她派出的人都是有去无回。

窦宪入宫时，发现宫中变了模样，而且守卫宫门的士兵也不是自己的人。即使如此，窦宪还是大步流星地往里走，他认为小皇帝是不敢在太岁头上动土的。

谁知窦宪等人到皇帝的宫门前，刚一跪下，四周便冲出数百甲士，窦宪和随从只能束手就擒。最终，窦宪以谋反罪被幽禁，不久就自杀身亡了。这之后，窦宪的几个兄弟被诛杀，窦太后也被软禁起来。

14岁的刘肇所展现的机智和敏锐、干练与稳重，不得不让人叹服！随着窦氏集团被铲除，汉和帝开始了亲政生涯。

"群魔乱舞"的宫廷

故事主角： 汉灵帝

故事配角： 张让、赵忠、侯览、张俭、曹节、李膺、范滂、曹鸾等

发生时间： 公元 168 年—公元 189 年

故事起因： 汉灵帝昏庸无道，宦官集团势力强大

故事结局： 朝政混乱黑暗，忠君正义的大臣屡遭迫害，百姓苦不堪言

　　汉灵帝当皇帝时只有 12 岁，宦（huàn）官（中国古代京城专供皇帝、君主及其家族役使的官员）们抓住了汉灵帝年幼无知、糊涂无能的契机，大献殷勤。小到日常政务，大到人事决定，汉灵帝几乎把权力全部交给自己宠幸的张让、赵忠等宦官。

　　为了让身居内宫的汉灵帝高兴，宦官们组织了一场"选美"活动，只不过选的不是美人，而是俊美的驴子，最终有四头驴胜出，得以进入皇宫大内。汉灵帝哪见过

驴子，今日一见，如见天上神物，喜不自胜。随即宦官又为皇帝弄来一架驴车，供其玩乐。一时间，民间驴子成为最受追捧之物，价格暴涨。

不久，汉灵帝玩够了驴车，宦官们忙找来一只狗，为它戴上贤冠、穿朝服、佩绶（shòu）带，它大摇大摆地上了朝。汉灵帝一见，不禁拍掌大笑，赞道："好一个狗官。"言者无意，听者有心，这不是变相辱骂群臣百官吗？然而宦官专权，大多数人只能心中怨愤，敢怒不敢言。

宦官侯览回到家乡后，大肆侵占百姓土地，修建亭台楼阁，以供享受。百姓不满，便向县官告状，县官见侯览势大，反而将此事告诉了侯览。侯览知道后，将这些百姓都赶出了原住地。许多百姓流离失所，民间一片人怨。

此事被督邮（汉代各郡的重要属吏，代表太守督察县乡等）张俭发现了。张俭最恨宦官乱权、残害百姓，于是上书要求汉灵帝惩办侯览。此书没到汉灵帝手中，便被侯览扣下，他指使人诬告张俭联络党人，图谋不轨。汉灵帝下令抓捕了张俭等人，宦官曹节趁机诬陷李膺

（yīng）、范滂（pāng）等人，说他们意图谋害皇帝，夺取军政大权。皇帝当即大怒，派人抓捕了李膺等人。

恰在此时，太学学生见李膺、范滂被捕，义愤之下，写诗赋讽刺宦官把持朝政，谁料却为宦官打击太学学生提供了理由。在宦官的蛊（gǔ）惑下，汉灵帝下令拘捕了太学学生一千多人。

公元 176 年，永昌太守曹鸾（luán）见宦官胡作非为，于是上书要求赦免党人。结果，宦官们竟将曹鸾活活打死，然后又下令禁锢（jìn gù；关押、监禁）党人，株连亲属。经过这场浩劫，天下儒生几乎被赶尽杀绝。

只要是儒生，都拖下去斩了。

昏君！

124

满城尽是黄巾军

故事主角: 张角

故事配角: 张宝、张梁、唐周等

发生时间: 公元 174 年—公元 184 年

故事起因: 张角创立太平道，组织起几十万人，准备推翻朝廷

故事结局: 因为叛徒出卖和镇压军队的强悍，黄巾军农民起义失败

东汉末年，东汉外戚和宦官两大集团的争权夺利，使朝政混乱，吏制腐败。水旱、蝗虫等自然灾害频繁。汉灵帝时，河内、河南地区闹起大饥荒，农民起义此起彼伏。

巨鹿郡有弟兄三个，老大名叫张角，老二名叫张宝，老三名叫张梁。三个人不仅有本领，还常常帮助老百姓排忧解难。

张角通晓医术，给穷人治病，从来不要钱，深得穷

人的拥护。看着百姓受地主豪强的压迫和天灾的折磨，张角决定把群众组织起来，创立了一个组织叫太平道。大约十年时间，太平道传遍了全国，组织成员发展到几十万人。

"苍天已死，黄天当立。岁在甲子，天下大吉。"这是张角的起义口号。黄巾势大，不少宦官认为东汉朝廷已无前途，纷纷投诚张角，约定黄巾军到达京师之时，便打开城门，迎接张角入朝。

可是组织太大、人数太多，总会出现叛徒。有一个人叫唐周，因为得不到张角的器重，又害怕起义失败招祸，便向东汉朝廷告密。

朝廷听闻此事，立马行动起来。公元184年1月，马元义被捕，被施以车裂酷刑。根据口供，又有一千多人被杀。张角仓促间下令起兵，一夜之间，百万以上的农民掀起暴动。他们用黄巾裹头，以分别敌友。

虽然黄巾军势头挺猛，却遇到了强劲的对手。这次和他们交手的汉军，个个英勇善战，能以一敌十。原来这些汉军曾是东汉朝廷用以讨伐羌部落的军队，他们强悍善战，又因为有大批的羌人投入到汉军之中，更是为汉军注入了极强的战斗力。

　　没有经过训练的农民们，反倒是成为挨宰的"羔羊"。面对虎狼之师，黄巾军没坚持多久，便兵败如山倒。而在此时，张角因为马元义的被杀，而伤心不已，最终病死。失去了核心人物，黄巾军很快成为一盘散沙，不久就被汉军瓦解。这场轰轰烈烈的农民起义，只维持了九个月，就失败了。

醒木一响，评书开场！
品茶听书，为你讲述有滋有味的大汉传奇；
真真假假，权且当茶余饭后的谈资……
今天，我要给大家讲的是——饺子的由来！

饺子的由来

饺子原名娇耳，相传是由张仲（zhòng）景发明的。张仲景是东汉末年的医学家，被后人尊称为"医圣"。

东汉末年，张仲景在长沙做太守，告老还乡的时候，正赶上冬天。那年冬天非常寒冷，当他回到家乡的时候，看到许多穷苦的老百姓不仅没有饭吃，而且好多人的耳朵都冻烂了。他心里非常难过，决心要救治他们。他叫弟子在南阳东关的一块空地上搭起医棚，架起大锅，在冬至那天开张，为穷人舍药治伤。他研制了一个可以御寒的食疗方子，叫"娇耳"。娇耳是把羊肉、辣椒和一些祛（qū）寒的药物放在锅里煮，煮熟后剁碎，用面皮包成耳朵的样子，再下锅。张仲景将煮熟后的娇耳分给穷苦的人。人们吃后浑身发热，血液通畅，两耳变暖。一段时间以后，病人的烂耳朵就好了。

张仲景舍药一直持续到大年三十，百姓的烂耳也逐渐康复了。后来为了纪念张仲景，每逢冬至日和大年初一，人们都会吃娇耳。

知识补给站

你知道西汉和东汉的历史上出现过几位窦太后吗？

说起汉朝的窦太后，很多人最先想到的是西汉时期汉文帝刘恒的皇后窦漪房，但实际上，整个汉朝时期共出现了三位窦太后。除窦漪房之外，还有汉章帝刘炟的皇后窦氏以及汉桓帝刘志的皇后窦妙。

你知道党锢之祸是怎么回事吗？

党锢之祸指东汉桓帝、灵帝时，士大夫、贵族等对宦官乱政的现象不满，与宦官发生党争的事件。此类事件事件因宦官以"党人"罪名禁锢士人终身而得名。此类事件前后共发生过两次。两次党锢之祸都以反宦官集团的失败而结束。

"坐堂"一词是怎么来的?

汉灵帝时,张仲景被举为孝廉,继而出任长沙太守。他虽居要职,却淡泊名利,不屑于追逐权势,他关心的是百姓疾苦。据说他做太守时,每逢初一、十五便停办公事,亲自到大堂之上为百姓诊病,称为"坐堂"。至今药店仍称为"堂",出诊医生被称为"坐堂医生"。

黄巾起义对东汉末年政局产生了哪些影响?

黄巾起义,沉重打击了东汉王朝的腐朽统治,扫荡了代表当时最黑暗、最腐朽的外戚宦官势力,动摇了东汉朝的统治基础,为东汉末年军阀混战揭开序幕,更为三国分立种下远因。

第9章

不消停的东汉末年

有言在先

　　东汉末年的朝廷，可谓是君不君、臣不臣，皇帝成了一个空壳子。宦官和外戚火拼不断，割据一方的臣子对朝廷虎视眈眈。宫廷后的董卓，烧杀抢掠，作威作福，挟天子以令诸侯，呼风唤雨。结果，死在了自己的干儿子吕布手里。一代枭雄曹操迎回汉献帝，开始了长达将近30年的专政，此时的汉献帝皇威荡然无存，只能委屈地活着，已无半点皇帝的样子。当曹操的儿子曹丕废汉自立后，几百年的汉王朝也走到了尽头。

一群诸侯打不过一个董卓

故事主角：董卓、曹操

故事配角：刘辩、何太后、何进、袁绍、汉献帝等

发生时间：公元189年

故事起因：董卓进洛阳后，挟天子以令诸侯，控制了整个朝廷

故事结局：多路诸侯联合讨伐董卓，因各怀心思而没能趁机消灭董卓

公元189年4月，汉灵帝刘宏驾崩，太子刘辩继位。由于刘辩年幼，暂时由何太后听政，大将军何进主持朝政。此时的何进，一心想铲除死对头张让，却遭到何太后的反对。无奈之下，何进便想以董卓之手除掉张让。

公元189年9月，董卓接到何进的密令后，大喜过望，立即召集人马，引军进京，并且很快就控制了整个朝廷。

董卓高兴地发现，他控制都城就等于控制皇帝，控制皇帝就等于控制全国。他的西凉部队原来只管理几十个郡县，现在主宰了全国。他感觉像做梦一样，现在什么都有了，只缺少点威望，而建立威望的最好方法，就是把旧皇帝废掉，另立一个新皇帝。于是，董卓强迫刘辩退位，另立九岁的刘协上台，是为汉献帝。

一时间，汉朝变了天。此时的董卓挟天子而号令天下，似乎天下无人可以制衡他。哪个大臣不服，就杀其身、灭其族。可是董卓没有料到，蛮干不但没建立起威望，反而引起了强烈反感。不久，各地反对董卓的力量组成十八路诸侯，推举实力最强的袁绍当盟主，以江东孙坚为前锋，浩浩荡荡地前来讨伐董卓。几番大战下来，董卓损兵折将，这让董卓内心极为害怕。此外，董卓在洛阳人生地不熟，于是下令把首都迁到长安。皇帝和百姓，被胁迫着一齐上道。董卓还一把火把洛阳城给烧了。

联军进入洛阳之时，是与董卓决战的最好时机，可惜只有曹操向孙坚借了五千骑兵，连带自己的三千家族骑兵，追击董卓而去，试图劫回汉献帝，结果因为兵力悬殊，曹操军队死伤大半，自己也挨了一箭，狼狈而回。 回到军中，曹操建议诸军分兵围困董卓，各路诸侯却不肯。他们名为讨董卓，实际各自心怀鬼胎。不久，诸军之间因发生摩擦，弄得不欢而散。从此，天下诸侯各自为政，汉朝开始四分五裂。

自作孽不可活

故事主角：董卓

故事配角：汉献帝、司徒王允、吕布等

发生时间：公元 192 年

故事起因：董卓作恶多端，挟天子而令诸侯，令诸大臣起了诛杀之心

故事结局：董卓被司徒王允、吕布等设计诛杀

　　董卓到了长安后，就自称太师，号"尚父"。他看到朝廷里人心涣散，对他没有什么威胁，也就寻欢作乐起来。 他在离长安 200 多里的地方，建筑了一个城堡，称作郿坞（méi wù）。郿坞的城墙修得又高又厚，他把从百姓那里搜刮的金银财宝和粮食都贮藏在那里，单说粮食一项，30 年也吃不完。

　　郿坞筑成以后，董卓得意地对人说："如果大事能成，天下就是我的；如果大事不成，我就在这里安安稳稳度

晚年，谁也打不进来。"

董卓有一个心腹，名叫吕布，勇力过人。董卓把吕布收作干儿子，叫吕布随身保护他。他走到哪里，吕布就跟到哪里。吕布的力气特别大，射箭骑马的武艺，十分高强。那些想刺杀董卓的人，因为害怕吕布的勇猛，就不敢动手了。

司徒王允想除掉董卓，他知道要除掉董卓，必须先打吕布的主意。于是，他就常常请吕布到他家里，一起喝酒聊天。日子久了，吕布觉得王允待他好，也就把他跟董卓的事情向王允透露一些。

原来，董卓性格暴躁，稍不如他的意，他就不顾父子关系，向吕布发火。有一次，吕布无意中冲撞了他，董卓竟将身边的戟朝吕布掷去。幸亏吕布眼疾手快，侧身躲过了飞来的戟，没有被刺中。为此，吕布心里很不痛快。

王允听了吕布的话，心里挺高兴，就把自己想杀董卓的打算也告诉了吕布。吕布答应跟王允一起干。

公元 192 年，汉献帝生了一场病，身体痊愈后，在未央宫接见大臣。董卓得到通报从郿坞到长安去。为了提防有人刺杀他，他在朝服里面穿上铁甲，在途经的大路两旁，派卫兵密密麻麻地排成一条夹道护卫。他还叫吕布带着长矛在身后保卫他。他认为经过这样安排，就万无一失了。

殊不知，王允和吕布早已设好计策。吕布安插了几个心腹勇士扮作卫士混在队伍里，专门在宫门口等候。董卓刚一进宫门，就有人拿起戟向董卓的胸口刺去。但是戟扎在董卓胸前的铁甲上，刺不进去。

吕布见此情景，立即举起长矛，一下子戳穿了董卓的喉咙。随即，吕布从怀里拿出诏书向大家宣布："皇上有令，只杀董卓，别的人一概不追究。"董卓的将士们听了，都高兴地呼喊万岁。

长安的百姓听到奸贼董卓死了，欢声雷动，举杯相庆。可是，过了不久，董卓的部将又攻入长安，杀死了王允，赶走了吕布，长安又陷入混乱动荡之中。

大汉朝画上了句号

故事主角：刘协

故事配角：曹操、伏皇后、伏完、郗虑、华歆、曹丕、司马懿等

发生时间：公元 213 年—公元 220 年

故事起因：铲除曹操的秘密败露，曹操杀了伏皇后及伏氏宗族，自立为魏王，汉朝名存实亡

故事结局：曹操的儿子曹丕篡夺汉朝政权，汉朝至此走到尽头

　　面对挟天子以令诸侯的曹操，伏皇后给她父亲伏完写信，要他秘密铲除曹操。谁料事情败露，曹操气得咬牙切齿，他代汉献帝伪造了废掉伏皇后的诏书。

　　曹操写好诏书后，急忙派御史大夫郗（xī）虑拿着诏书，同尚书令华歆（xīn）一起带兵包围皇宫。伏皇后藏到宫中的夹墙里，被华歆拖出。伏皇后向汉献帝哭诉求救，刘协无奈地说："朕还不知自己的生命何时到头呢！"

结果，伏皇后被幽禁而死，刘协与她所生的两个皇子也被毒杀，伏氏宗族百余人被处死。这还不算完，公元215年，曹操又逼迫刘协立其女为皇后，彻底将刘协控制得死死的。

不久，曹操称魏王，打破了汉朝外姓不得称王的规矩。曹操此举，天下虽然不服，却没有激起大的动乱。此时，东汉已经名存实亡了。

公元220年，魏王曹操去世，他的儿子曹丕（pī）继位。司马懿（yì）

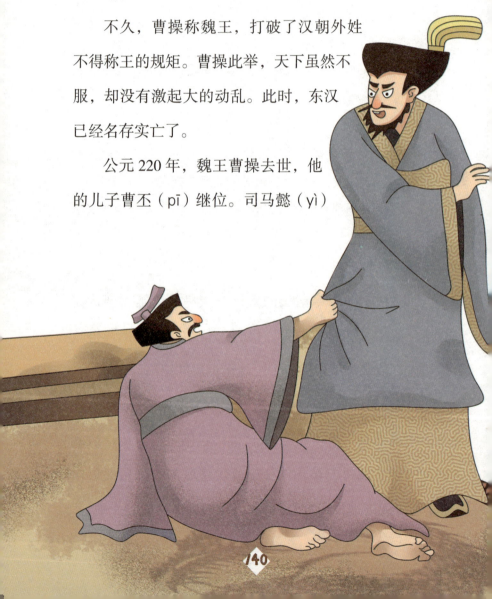

认为先王曹操素有威仪，因而才得以统领群雄。此番曹丕继位，要树立恩威，就只能对功臣进行封赏，也只有废汉自立，才能对群臣进行分封。曹丕也是自信爆棚，认为自己有足够实力登上九五大位。

不久，曹丕逼迫刘协禅让帝位给他，刘协虽然一百个不愿意，但自己早已经成为"光杆司令"，只能被迫让位于曹丕。

曹丕在繁阳亭登上受禅坛，接受玉玺，即皇帝位。同时废汉献帝为山阳公，曹皇后为山阳公夫人，勒令搬出宫去。在三国并立的金戈铁马声中，汉帝国就此轰然倒塌。

张天师的传说

张天师是东汉时期五斗米道的创立者张陵。传说张陵的祖父原本是一个卖油的人。当地有一个财主，因为要埋葬先人，请了一位风水先生来挑选位置。风水先生选定了一处绝好的地方，并告诉财主："这里是天门穴，如果将先人埋在这里，后代中一定会出现神人。"财主非常高兴，并准备挑一个好日子埋葬先人。

这一天，张老汉卖油回来，路过风水先生选定的地方，突然狂风大作、暴雨如注，张老汉看不清路，不慎跌入

财主家刚刚挖好的坟坑中。大雨又将泥土冲入了坟坑，张老汉就这样被埋葬在这块地之中了。天晴以后，财主家找不到原来的地方了，只好另选别的地方。

说也奇怪，正如那位风水先生所说，张家的子孙，到了张老汉孙子这一辈，果然出了一位神人，这就是张陵。传说他长得高大魁梧，眉骨突出，望之令人肃然起敬。

长大后，张陵做了一阵子朝廷的官员。但不久，他就辞去官职，退隐山中，修炼神仙之术。他有两个徒弟，一个叫王长，一个叫赵升，他们协助张陵炼成了一种丹药，据说吃了这种丹药，便可以返老还童。

一次，张陵在梦中见到太上老君驾临，对他说："近来蜀中有六大魔王残害百姓，你如果能够将他们降伏，则是功德无量，必能成仙。"

张陵醒后，就带领弟子立即赶往了蜀中的青城山，施展法力，降伏了六大魔王。因杀戮过多，太上老君命他再继续修炼三千六百日。

十多年之后，一天，张陵见山中悬崖之下桃子成熟，便命弟子投身取之，遂得道。不久，他便与两个弟子在云台山飞升而去，得道成仙。后世景仰张陵，于是称他为张天师，将他看作正义威武的化身。

知识补给站

曹操为什么不称帝？

曹操有废汉而自立当皇帝的实力，之所以不称帝，是因为曹操不想给政敌和拥汉派以借口。曹操一再自明本志，说自己绝对没有代汉自立的意图，比较注重声誉名节。更重要的是，曹操是一个讲求实际的人，只要掌握了实权，虚名并不重要。因而，曹操最终没有选择称帝。

"桃园三结义"中的主人公都有谁？

东汉末年，朝政腐败，人民生活非常困苦。刘备有意拯救百姓，张飞、关羽又愿与刘备共同干一番事业。三人志趣相投，选定张飞庄后一桃园。张飞准备了青牛白马，作为祭品。焚香礼拜，宣誓完毕，三个人按年岁认了兄弟。刘备年长做了大哥，关羽排第二，张飞最小，做了弟弟。

"三英战吕布"讲述的是什么故事?

"三英战吕布"是长篇历史小说《三国演义》中的一个故事情节。曹操联合十八路诸侯讨伐董卓,董卓部将吕布之勇名冠三军,无人匹敌,他一连打败诸侯联军众将之后,刘备、关羽、张飞三兄弟在虎牢关与吕布大战。吕布虽勇,毕竟以一敌三,最终战败。

曹操手下的"五子良将"都有谁?

曹操手下的五子良将,即前将军张辽、右将军乐进、左将军于禁、征西车骑将军张郃以及右将军徐晃。五子良将跟随曹操的时间不同,乐进、于禁加入曹操军队的时间最早,其次是徐晃、张辽,最后是张郃。五子良将,进攻时被任命为先锋,撤军时负责断后。